JN410072

저 들녘의
꽃들은
어디로 가나

장영교 수필집

교음사

책 머리에

하찮은 바이러스 정도는 현대 과학이 금방 다스릴 줄 알았는데 인류는 속수무책으로 몇 달째 당하기만 하고 있다.

유럽은 물론 영국 왕실까지 침노하고 세계 제일 강국 미국 중심부를 강타하고 있으니 인간이 이토록 무기력했던가 마스크에만 의존해야 하다니 너무도 어처구니가 없었다.

일찍이 지구를 정복했던 만물의 영장이라고 스스로 자만했던 인간들이, 어쩌면 신의 영역까지도 도전한다는 그 기백은 물론 날로 발전하는 최신 과학 기술은 불가능이 있었던가.

이 낯선 바이러스에 일격을 당하고 인류는 지금 너무도 겁먹고 휘청거리고 있으니 어떻게 이 난세를 벗어날지 걱정이다.

어느 저문 날 실낱같은 비를 맞으며 공원을 걷고 있는데 숲속에서 어린 새들이 깃털을 부비면서 서로 붙어서 졸음을 청하는데 아주 조용히 공원을 혼자서 걸었던 적이 있었다.

빗방울이 지금보다 더 굵어지거나 바람이 불지 않기를 간절히 바라면서 이제 막 잠이든 어린 새들의 단꿈을 깨우거나 방해해서는 안 될 것이다.

어린 새를 위한 간절한 기도를 할 수밖에 없었다. 나는 그날 바람 한 점 없이 잔잔해진 저녁 날씨에 감사했다.

이 코로나로 인해 우리들의 감금이 더 오래도록 지속된다 하여도 우리들의 생각이나 기억까지는 묻어 버릴 수는 없을 것이다. 속히 끝나기를 바라면서 부족하지만 세 번째 작품을 정리해 보는 시간을 가져 보게 되었다.

오경자 교수님의 항상 아낌없는 지도 편달에 늘 감사드린다.

2020년 6월

저자 장영교

장영교 수필집

3부 최고의 선물

4부 찬란한 도전

5부 남향(南向)

6부 하늘 여행

1

강물의 계절

청형만리(靑馨萬里)

옛말에도 삼복지간에 방문하는 손(님)은 범보다 더 무섭다고 했는데 더구나 올해 같은 기상천외한 더위는 100년 만의 이변이라고 난리들인데도 친구는 아랑곳 않고 자기 집으로 얼굴도 보고 이야기도 하자고 초대를 했다.

초대받았다고 마냥 아이들처럼 앞뒤 가릴 것도 없이 기꺼이 허락했으니 인간은 나이를 먹는다고 다 쉽게 철이 들거나 작인이 되는 것은 아닌 것 같다.

팔십을 다 넘긴 연세에도 불구하고 친구를 초대할 수 있다는 것도 대단하지만 이 나이에 오란다고 당장 불원천리하고 떠날 수 있는 것도 철은 덜 들었을지는 몰라도 그 용기와 기동성은 가상하지 않을 수가 없었다.

굳이 칭찬은 아니지만 변명도 아니다. 다만 감사할 뿐이다. 첫째도 둘째도 건강했기에 부를 수도 있었고 또 부른다고 찾아갈 수도 있다는 것은 축복받은 노년의 선택된 건강이 아니겠는가.

그리고 여기서 더 중요한 것은 친구가 있었기에 그리워도 하고 생각날 때마다 보고 싶어 부를 수 있었고 찾아갈 수 있었다는 것은 눈물겹도록 감사하지 않을 수가 없다.

짝 잃은 외로운 친구가 모든 것을 정리하고 낙향한다고 했을 때 만고진리인 회자정리(會者定離)의 숙명 앞에 친구들의 마음을 부단히도 휩쓸어 놓고 떠나갔다. 정착을 하고 그 후에도 여러 번의 안부는 오고가고 했는데, 집을 짓고 있다기에 범상치 않은 친구의 노후는 분명 놀랍고 보람된 새로운 주목거리가 있을 것 같아 궁금하기도 했다.

우리는 소풍 가는 초등학생처럼 아침부터 서둘러 KTX를 이용하는데 역시 여행은 즐거웠다. 상쾌한 출발은 새로운 젊음으로 가득히 충전되었고 수다는 즐거움의 척도가 되어 지난 학창시절로 금방 돌아갔다. 알고 보면 살아가는데 여행만큼 즐거운 인생학습도 없는 것 같다. 꼭 거창한 해외여행이 아니더라도 친구끼리 간단한 여행도 이토록 행복할 수

가 없으니 말이다.

집을 한 번쯤 비우고 떠날 수 있다는 것은 요조숙녀는 아니더라도 아직은 획기적인 용기가 없으면 쉬운 일은 아니다. 우선 부엌을 한 번이라도 면해 볼 수 있는 기회인데 그 희열은 아마도 정확히는 몰라도 주름살 몇 개는 펴지지 않았을까.

한나절은 거의 지나서 도착했는데 친구는 아들 며느리 손자 온 식구가 총동원되다시피 반겨주니 귀빈이 따로 없었다. 남의 밥그릇 콩이 더 굵어 보인다더니 친구의 자제분들은 첫눈에도 그 훤칠함은 물론이고 지성미까지 겸비함이 한눈에 다 보였다. 백발의 친구와 아들 또한 거의 백발인 모습을 보니 세월의 무상함은 우리 모두를 싸잡았음이 분명하고도 남았다.

또 "아부지요." 하면서 백발의 아들이 아버지를 부르는데 그 "아부지요."가 어쩌면 그렇게도 정겹던지, 내가 오랫동안 사용해 왔던 것인데, 그러나 지금은 잊은 지 오래된 그리운 나의 호칭을 백발의 부자로부터 다시 들으니 어쩌면 잊고 산 그 세월을 순식간에 돌려놓았는지 내 깊은 곳의 나의 아버지를, 그리운 아버지를 다시 만나게 해 줬으니 뼈에 사무친다는 말은 이럴 때 쓰는 말인 것 같았다.

이번 여행에서 제일 먼저 얻은 가장 귀중한 소득이었고 나의 아버지를 다시 만나게 해준 이들 부자가 너무 고맙고, 정겹고 부러웠다.

이상적인 설계로 멋지게 건축한 새집은 편리했고 초현대적이었고, 근사하고 세련된 인테리어와 무엇보다 편안한 잠자리는 물론 조용한 주변 환경까지 너무 좋았다. 그리고 유명한 사찰이며 또 아름다운 고장의 자랑도 다 좋았다.

여기서 더 아름다운 것은 친구의 아들 며느리 손자가 범보다 더 무섭다는 여름 손 아버지 친구를 위해 주방에서 매 끼마다 색다른 요리를 만들어 우리를 감탄케 한 것도 놀라운데 어쩌면 세 식구가 함께 음식을 만들고, 설거지를 하고, 차를 만들고 술안주를 장만하고, 과일을 깎고, 예쁘게 데커레이션도 해서 서빙하고, 간식까지도 다 챙기고, 정리하고 일사불란한 그들의 즐겁고 진지한 모습이 얼마나 아름다웠는지 아니 얼마나 부러웠는지 이보다 더 아름다운 풍경은 본 적이 없을 만큼 귀한 장면들이었다.

돌아와서도 머릿속에는 효성이 지극해서 더 멋있었던 아드님의 진지한 모습, 헌신적이고 상냥했던 며느리, 건실하고 끊임없는 봉사 정신의 미남 손자.

그 그림 같은 장면 하나하나가 쟁쟁했고 역시 범절 있는 가정교육은 하루아침에 이루어지는 것은 아닌 것 같았다. 헤어질 때, 더 잊을 수 없었던 며느리의 정겨운 부탁 한마디 "외로운 아버님께 자주 놀러와 주세요." 그 자부의 효성어린 부탁이 어쩌면 그렇게 내 가슴을 적시던지 친구가 무척이나 부러웠다.

아직도 이 땅 위에 효성이라는 아름다움이 남아 있구나. 이 아름답고 싱싱한 향기는 만리(萬里)를 가도 변함없으리라.

청형만리(靑馨萬里)!

이 친구가 한 이십 년 전으로 생각되는데, 그때 일필휘지로 써준 명필 명문장이 좋아 표구해서 간직해 둔 액자 속에는 그야말로 그 친구가 오늘을 예측이나 하고 써준 것은 아닐까.

청바지

중학교 동기생끼리 매월 모이지만 특별한 기금이 있는 것도 아니고 그렇다고 따로 운영비를 모은다거나 거두는 일조차도 하지 않는다.

다만 누구라도 다음달 식사 당번은 자진해서 장소와 시간만 알려주면 자연히 그달 주인공(봉사자)이 되는 것이다.

이 모임은 처음부터 이렇게 해 왔지만 모임을 한 번도 거른 적은 물론 없었고, 주인공 차례를 서로 미루거나 떠맡긴 일도 없었고 다음 타자를 못 정해 곤란을 겪은 적도 물론 없었다고 한다. 오히려 항상 다음 차례 예약에는 몇 명이 겹치기도 하지만 쉽게 논의가 됐다고 하니 매우 신뢰도 되지만 이 모임의 특징이기도 하고 또 자랑거리가 아닐까.

이십 명 가까운 친구들이 이렇게 매월 만나다 보니 회비 받고 벌금도 받는 체계가 바로 선 그 어떤 동창회에도 뒤지지 않는 동기애를 창출한 것은 아닌지. 돌이켜보면 모교 역시 그 시절만 해도 훌륭한 성장의 발판은 물론 진로에도 중요했던, 교육의 힘이 컸던 것도 감사하지 않을 수가 없다.

이번 달은 대구에서 여자 동창들의 원정 방문이 있어서 분위기는 더한층 화기애애한 감동으로 넘칠 수밖에 없었다. 참 옛날 같으면 팔십 넘어서 엄두도 못 낼 일이지만 장수시대를 맞아 건강하게 출입은 물론, 여행도 서울 대구 왕복이 하루 일정에 불과했고 또 당당히 참여할 수 있다는 것은 아직도 우리에겐 아름다운 꿈을 저버릴 수 없다는 단호한 증거인 것 같았다. 이만하면 슈퍼우먼으로도 손색이 없었다.

친구 중에는 68년 만의 해후(邂逅)라 감격에 겨워 허그를 하면서 기뻐하는 모습들은 눈물겹도록 아름다웠다. 이제는 남녀 간이라 해도 인사법 정도는 서양식 방법이 어색하지도 않고 자연스러웠다. 매우 행동적이고 솔직한 표현은 정감도 배가 되는 감격적인 장면들이었다.

성인도 시속을 따른다는데 이 시대를 살아가는 데는 시대적 감각을 자연스럽게 받아들이는 것이 가장 지혜로움이 아닐까 싶다.

열네 살 열다섯 살, 까만 교복의 중학생, 그 시절이 한꺼번에 주마등처럼 펼쳐지고 그때 그 교정에서 공부하며 뛰놀며 서로 좋아하면서도 말 한마디 건네지 못했던 그 순수의 시절, 그 아름다웠던 추억을 어쩔 것인가.

이제만큼 저무는 인생이지만 너무 비관만 할 것은 아니라는 것을 깨닫게도 했다.

의례히 시작은 술잔을 받아들고 오늘, 이 뜻깊은 병중 만남을 축하하는 자리니만큼 마땅히 건배를 들어야 한다면서 "청바지"를 크게 외치자고 했다.

청춘은 바로 지금부터를 줄인 말이다.

다 같이 청바지를 힘껏 외치고 건배를 높이 들어 올렸다. 누가 인생을 고해라고 했던가.

재미있고 즐겁고 행복했다.

은행나무가 있었던 그 교정으로 다시 돌아가는 기분이었다. 우정은 많은 힘이 되었고 청춘은 바로 지금부터가 확실했다.

끝나지 않는 이야기

친구는 손재주도 뛰어나고 인정도 많았다. 행동은 그닥 빠른 편은 아닌데 정확한 판단력이며 현명한 사고력의 소유자로 몇 안 되는 나의 좋은 친구이다. 학교 다닐 때는 수학을 잘하더니 나는 이 친구의 머리 회전을 보면서 이과(理科)와 문과(文科)의 활용도와 진가를 알 수 있었다.

우리는 광화문역에서 만나 약속 장소까지 행사를 마치고 돌아올 때는 또다시 광화문역을 이용한다. 집으로 가는 방향이 서로 달라서 하행선 상행선으로 금방 헤어져야 하는 아쉬움은 생각이 같을 텐데 친구는 자기 방향 전철이 도착하는 데도 으레 타지 않고.

"니가 먼저 떠나는 것 보고 다음 차 탈게."

언제나 배려하는 그 마음은 우정으로 하나 가득 미소에 담겨 있었다. 우리는 기회만 있으면 자주 만나고 하는데도 헤어질 때는 늘 이렇게 아쉬웠다.

그때 다시 반대편에서 이번에는 내가 타고 갈 전철이 들어왔다.

"나도 다음 차 탈게."

답례처럼 쉽게 결정이 된다.

금방금방 오는 전철을 몇 번이나 통과시키면서 우리는 마냥 헤어지는 것이 아쉬워 아련히 추억처럼 잠시지만 플랫폼 벤치에 앉아서 끝도 없는 이야기로 그 시간을 즐겼다.

꼭 10대들이나 아니 우리 손녀들이 친구와 헤어지기 싫어서 하는 행동과 무엇이 다를까. 그야말로 티 없던 소녀적 모습 그대로였다. 친구는 천성이 다정다감하고 순진했다. 소녀 같은 마음결은 세월이 가도 변함이 없는 걸 보면 아무리 나이를 먹어도 그 순수함은 방부제 처리라도 된 듯했다.

상행선 하행선이 몇 번을 오고 또 갔다. 집까지 갈아타기도 하면 시간은 좀 걸릴 수도 있는 거리지만, 이렇게라도 헤어지는 아쉬움을 달래다 보니 참 친구란 존재와 가치는 무엇과도 바꿀 수도 없지만 비교할 수도 없는 고귀한 인연인 것임에는 틀림이 없다.

남들이 보면 좋은 시절 다 지나간 늙은이로 보이겠지만 소녀 시절 그 정신세계를 벗어나지 못했으니 행동 하나하나는 유치할 수도 있겠지. 어쩌면 늙음을 받아들이지 못하고 아니 받아들일 수가 없어 몸부림치듯 억지떼를 쓰며 버티는 형상일 수도 있다.

솔직히 팔십을 넘긴 처지가 아닌가. 이제 와서 나이 자랑이야 하겠냐마는 이런 행동을 누가 봐도 아니 내가 생각해도 철이 덜 들었거나 아니면 어디가 모자라도 한참 부족한 상태가 아닐까? 말하자면 머저리과(科).

각자 기다리는 가족도 있고 할 일도 있으련만 매정하게 헤어지기가 아쉬운 건 순수한 우정인지 아니면 사춘기라도 앓고 있는 건지.

인간은 추억을 간직하고 그 소중한 감정을 사랑할 수 있다는 것은 우리가 우리를 속일 수 없는 본능일지도 모른다. 젊은 연인들이 헤어지지 못하는 장면은 이해도 되지만 얼마나 아름다운가.

그러나 지금 우리는 누가 봐도 아름다움 하고는 관계가 없는 것은 사실이지만 간절하기는 매한가지다. 어쩌면 오늘 헤어지면 다시는 만나지 못하는 이별이 될 수도 있다. 긴 이별을 생각해 본 적은 없으나 정말 그런 날이 왜 오지 않겠나.

지난날 고향을 찾아 낙동강 기나긴 인도교에서 추위도 잊은 채 서로의 청춘을 달래며 털어놓았던 고해성사는 다 끝내지도 못했는데 해가 저물었던 그 아쉬움.

눈물겹도록 아름다웠던 추억을 잊지 못하는 한, 우리의 이야기는 계속될 것이다. 비록 노파가 되었지만, 우리의 생각은 그때와 다를 게 없었다. 변할 수도 없었다. 아니 변하고 싶지도 않다. 다만 너무 철들든 머저리라고 나무라지만 말았으면 좋겠다. 겸손한 우리 친구들 재미있는 별명 병신이, 바보, 헛똑똑이, 칠푼이, 깍쟁이, 속에서 머저리, 상 머저리로 오래오래 즐기고 싶다.

서로의 건강을 염려하면서,

"잘 가."

"아프지 말고."

"또 만나."

"그래그래."

"전화할게."

"오냐."

인사를 나누고 전철에 실리는데 코끝이 찡해 왔다.

와인 시음회

투명한 글라스에 와인을 담아 기울여 보면 그 아름답고 세련됨이 꼭 어느 파티장의 화려한 여주인공을 떠오르게 했다. 이지적이면서 냉철하고 지극히 아름다운 매력의 와인 한 잔.

여느 술자리처럼 수다도 필요 없고 목소리를 높여서 떠들어야 할 일은 더더욱 없었다. 다만 서로 미소만으로도 어지간한 의사소통은 충분했고 조용조용한 사뭇 다른 방식의 대화의 장이었다.

우아한 와인 한 잔이 분위기를 조용하게 만든 것인지 아니면 와인을 좋아하는 사람들의 에티켓인지.

세상에는 술의 종류도 다양하지만 와인을 그냥 술이라고 하기에는 좀 차별이라도 두는 것이 맞을 것 같다.

우선 이렇게 아름답고 수려한 각선미가 돋보이는 글라스에다 카르멘의 정렬 같은 붉은 와인을 따랐을 때 은은한 향은 물론 분위기를 맞춰 흐르는 명곡의 선율은 또 다른 경지를 방불케 하는데 그대로 예술이었다.

아! 맨 처음 이렇게 신비한 와인을 만든 자는 누구였으며 이렇게 아름다운 잔에다 와인을 담고 음미할 줄 알았던 최초의 멋쟁이는 과연 누구였을까.

얼마나 멋쟁이였으면 이토록 화려하고 세련된 그릇에 와인을 담아 마실 생각을 다 했을까.

신비한 포도의 피를 이렇게 아름다운 잔에 담은 이가 예수님이 아닐까.

친구 따라 와인 시음회에 참석한 것은 새로운 경험이었다.

인류는 끊임없이 어떤 분야에서나 도전해 볼 수 있는 호기심과 놀라운 지혜를 갖고 그것을 끊임없이 개발하고 이어왔으니 더 나은 방향이 될 수밖에 없었던 것도 당연했다.

지구상에는 10만 년 전까지만 해도 최소 여섯 종류의 인간 종이 살고 있었지만, 오늘날 존재하는 종은 하나뿐이라고 사피엔스의 저자인 인류학자 유발 하라리의 논지였다.

그런데 오늘날까지 존재하는 인류는 어떤 연유인지는 잘 몰라도 그들은 술에 대해 부단한 관심을 갖고 연구해 온 것은 매우 오랜 세월 동안 이어져 온 것도 사실이다. 어쩌면 인류가 지극히, 우연하게 터득하여 발효되면서 얻어지게 된 새로운 맛의 매력을 찾아냈을 때가 바로 술에 대한 최초의 관심사가 아니었을까. 여기서 연구 대상이 된 것은 아닐까.

기록이 없다는 것은 역사 이전이니 누가 알 수 있기나 할까.

비단 와인뿐만 아니라 평범한 여염집 안채에서 은밀하게 시작한 한 여인의 집념 어린 정성으로 빚어진 비주(秘酒) 한 잔도 알고 보면, 인간의 지혜와 정교함과 정성이 일념으로 녹아 걸작이 된 것을 오랜 세월 동안 비법이 비법으로 경험이 되고, 명맥을 잇고 후손 어느 손끝으로 아니 정신으로 전수가 된 데는 감히 부인할 수 없는 위대한 유산이라고 볼 수 있다.

그러나 인간은 벌써부터 술의 노예가 되어 가고 있음도 알아야 할 것이다.

장점도 많다. 우정을 돈독히 하는 매체, 만고의 명시 명문장이 한잔 술에서 탄생하여 인류의 유산으로 빛났지만, 술로 인한 몽롱한 경지의 일탈, 술이 만들어 내는 용기백배, 맨정신으로는 어림없는 범죄까지도, 알고 보면 인간의 열등의식은 술에 의지할 수밖에 없었던 것 같다.

와인을 취하게 마시거나 정도의 범위를 넘는 상황도 있기는 할까?

와인 품격을 가장 중요시 할 수 있는 것은 떼루아(역사적 지역)와 빈터지(포도 수확 시기)라고 한다. 여기에는 색상과 향과 맛 이 세 가지를 얻기 위한 최선의 조건이 될 수 있기 때문인 것 같다. 이러한 여건들을 연구하고 취미 이상으로 애착을 갖고 노력한다는 사실도 시음회에서 배울 수가 있었다.

시음회를 주관하는 분은 공직에서 은퇴하신 이후 새로운 취미로 제2 인생을 개척하신 와인 마니아로 와인 박사이다.

전 세계의 와인 700여 종류를 모아 품평회를 열기도 하고 와인을 새롭게 연구하고 와인에 대한 모든 것을 수 권의 저서에서 그 지침을 밝히기도 했다. 전 세계가 인정하는 와인 전문 박사로 항상 연구하는 노익장의 끝없는 도전 정신은 존경스러웠다.

시음회에서는 와인 마다 검은 천으로 된 씌우개로 완전히 상표를 가리고 비밀이 보장되는 상태에서 초청된 와인 마니아들이 맛과 향과 색상을 자신 나름의 기호에 맞는 것을 찾아내고 부족함을 지적하고 우수함을 가려낸 다음 평점을 점수로 표시해 놓으면 전체를 합산하여 순번을 가리게 된다.

이때 와인들은 영광의 메달 자격이 정직하게 정해지는 운명의 시간이 되는 것이다.

그 기간이 하루 이틀이 아니고 몇 날로 이어질 만큼 철저했다. 숨막히는 판정이 될 수밖에 없었다.

한 잔 와인의 맛은 그냥 만들어지는 것이 아니었다. 자연의 산물이었다. 그러나 조건이 갖추어진 까다로운 자연이었다. 햇볕과 수분, 공기, 바람, 기온 등은 말할 것도 없고 인간의 정성이 합쳐진 것도 자연의 창출이 아닐까.

숙성이 될 때까지 숙려 시간과 보관상태 환경 온도 차광 등 말할 수 없는 까다로운 조건이 다 명주(名酒)로 등극할 수 있는 관문이었다.

지난날 어머니가 누룩과 고두밥으로 술을 빚기 위해 밤잠을 설치시던 그 모습들이 그냥 과정이라기보다 수없는 손길과 정성과 어머니만의 비법이 아니었을까. 많은 생각이 주마등처럼 지나갔다.

와인 역시 한 알의 포도에서부터 인간이 상상할 수 없는 노고와 실험 정신의 과정이 쌓이지 않았다면 참 와인으로 등극이 되었을까. 악성 베토벤의 창작이 예술의 극치를 창조하듯 최선 최고의 와인을 위하여, 노력하고 수고하는 아름다운 정신은 와인 박사를 위시하여 많은 와인 마니아들의 노고와 사랑을 받았다.

역시 수많은 역경과 과정이 함께 무르익어서 명품이 될 수 있었던 것에 존경과 찬사를 보낼 수밖에 없었다.

술이라기보다 예술로 승화된 와인의 독특한 문화를 아주 잠깐이지만 맛보면서 배울 수 있었던 보람된 와인 시음회였다.

강물의 계절(季節)

밤새도록 무서리가 치더니 가을 하늘은 한없이 높아만 갔다. 이때쯤이면 강물은 언제나 신비하리만큼 예쁜 모습으로 물비늘을 만들어 반짝거리기 시작했다.

반짝반짝 저마다 다를 수도 있는 사연을 풀어놓듯 수다를 쏟아 내면서 부지런히 흘러간다. 그 모습이 아름다워 홀리듯 흠뻑 빠져서 강물을 보고 있노라면 세월이 물과 같다는 비유를 알 것도 같았다.

이들은 물론 일행이 있고 목적지가 같을 수도 있으나 그 가는 길이 어딘지 얼마나 먼 길인지는 알 수 없어도 강물의 일생이 아닐까.

반짝반짝 서두르듯 멈추는 일 없이 흘러가는데 사실 이들이라고 다 행복하기만 할까마는 아마도 지금이 여기까지 왔다가 임무를 마치고 돌아가는 중인지도 모른다. 우리 인생도 생이 끝나면 돌아가는 것처럼 별반 다를 게 없는 자연의 섭리라고 본다.

유독 맑고 깨끗한 바람을 이고 속삭이듯 잘도 재잘거리는 사연들은 과연 반짝반짝 빛나는 저 모습처럼 지나온 세월이 아름답기만 했을까. 가을볕은 아직 정겹고 따스한데 싸늘히 식어 가는 저 잔물결의 끝일 줄 모르는 사연이 궁금하다.

건너편 강둑에는 이별이 아쉬워 쓸쓸히 손 흔들어 주는 백발의 노신사!

흰 머리카락 날리는 갈대가 다시는 돌아올 수도 더 이상 만날 수도 없는 회자정리(會者定離)의 허무함을 운명으로 받아들이는지, 눈길 한번 건네주지 않고 떠나는 매정함에도 그저 하염없이 한 곳에만 눈을 떼지 못하는 모습이 무척이나 애잔하게 가슴을 아리게 했다.

바쁜 걸음에도 보랏빛 쑥부쟁이한테는 못다 한 정이라도 남았는지 반짝반짝 떠들다가도 잠시 눈물을 머금은 듯 조용히 그 걸음을 멈출 듯 멈출 듯 주춤거리다가 그냥 돌아보고 또 돌아보는 것으로 대신하고는 이내 그만 별일 아닌 것처럼 바삐 행렬 속으로 묻히고 만다.

미안함은 있어도 별 거리낌이나 심각하게 사과할 일은 없다는 뜻인가 서산으로 사라질 짧은 가을 해가 덩달아 바쁘기만 하다.

그래도 지난여름은 참으로 풍요로웠다.

강가에 무성하게 줄지어 늘어진 물 버들의 검푸름하며 이들의 유연한 춤사위가 그렇게도 여유롭고 흥겨웠는데 아 지금은 모두가 지나가 버린 추억일 뿐이다.

그러나 한 때 돌이킬 수 없었던 잘못을 용서받을 길이 없구나!

무서운 패악질로 돌변하면서 나도 나를 못 말려 온 강을 사정없이 할퀴고 휘젓다 못해 넘치게 해서 둑을 허물고 파헤쳤던 그 참담하고 철없었던 행동이 후회에 앞서 뜨거운 피눈물 흘리며 가슴 저리도록 깊은 반성은 했는데 진정한 사과도 바로 하지 못했구나.

벌을 받았다면 바로 그해 겨울 하늘의 별도 얼어붙은 칠흙 같은 어두움 속 모진 추위에 알몸으로 던져졌던 형벌은 중형으로 보아도 될 것이다.

이제 용서를 빌며 떠날 수밖에 없는 운명, 멈출 수도 돌이킬 수도 없으니.

그러나 한 가지 차마 못 잊을 어느 봄날의 아름다웠던 사랑 한 움큼!

천사라 불러줘도 다함이 없었던 망초의 순결하고 고귀한 자태가 내 마음을 사로잡았을 때 그 지고지순의 사랑은 내 청춘을 한꺼번에 불살랐고 내 삶의 전부를 아낌없이 쏟아 바쳤다.

아름다운 내 사랑이여 이제 나는 너를 영원히 가슴에 품고 떠나리라.

이다음 다시 세상으로 환생하는 날에는 내 그대를 제일 먼저 찾아가리.

못다 한 사랑을 불태우리.

사랑이여 내 사랑이여 하늘을 두고 맹세하리라.

아름다운 12월

달랑 한 장만 남은 마지막 달력이 아쉬웠지만 그래도 12월은 성탄을 기다리며 한 해를 마무리하는 결실로 승화된 행운의 달이 아닐까. 생각해보니 지금까지 살아오면서 돌아봐도 올해만큼 크리스마스를 행복하게 기다려 본 12월은 처음인 것 같다.

우리 딸 내외가 크리스마스 선물이라면서 상트페테르 부르크 러시아 국립 발레단의 「호두까기 인형」 공연을 초대해줬을 때 감회를 주체할 수 없었던 것은 「호두까기 인형」과의 행복한 추억이 나에게는 남달랐던 인연이기에 당연했을 것이다.

지난날 러시아를 여행할 때 상트페테르부르크에 가서 현지의 「호두까기 인형」 공연을 환희에 차서 감상한 것이 그 첫 번째 감동의 인연이었고 두 번째는 서울에서 국립 발레단의 작품을 감상하면서 그렇게 반갑고 친근했던 것을 기억하며, 이번이 세 번째로 다시 그들 진수를 맞이할 수 있었다는 것은 그 감동이 얼마나 벅찼으면, 말로는 다 표현할 수도 없었으니 당연한 것이 아닐까.

그런데 오늘 또 생각밖에 멋쟁이 친구로부터 받은 크리스마스 선물은 나를 다시 감동의 도가니로 몰아넣게 했으니 기가 막혔다.

스위스, 독일, 오스트리아, 네델란드 등 유럽에서는 12월이 되면 주말마다 사랑하는 가족과 슈톨렌(stollen)을 한 조각씩 먹으면서 모두 성탄을 기다리는 전통이 있다는 사실을 친구로부터 처음 설명을 들어 알게 되었을 때 그 맛에 대해서도 궁금했었다. 12월이 들어서면서부터 크리스마스를 맞이하기 위해 준비하는 그네들의 경건한 자세가 여간 감동적이지 않을 수가 없었다. 겸허하고 순수한 그들이 어쩌면 부럽기까지 했다.

슈톨렌은 사탕수수와 당밀로 빚은 럼(rum)에 크렌베리, 건포도, 레몬 필, 오렌지 필을 한 달가량 절여서, 구운 아몬드 마지판이랑 함께 넣고 구워낸 전통 유럽풍의 크리스마스

용 과일 빵이라고 했다.

슈톨렌을 적당히 자르면 그 단면에 밤톨처럼 크게 보이는 것이 아몬드를 가루로 만들어 쫄깃쫄깃하게 한 것이 마지판인데 이 부분이 바로 슈톨렌의 값을 비싸게 하는 주된 요인이며 여느 빵에서도 맛볼 수 없는 독창적인 맛과 비싼 재료라고 했다.

만드는 과정도 쉽지 않지만 우선 많은 시일이 필요했고 재료가 적잖이 고가인데 장인의 솜씨도 한몫하지만, 꼭 사전에 주문을 받아야 할 수 있으니 한정 판매가 될 수밖에 없을 것이다. 이렇다 보니 아무나 맛을 볼 수도 없는 특별한 빵인데 이 귀한 슈톨렌을 선물로 받았으니 금년 크리스마스는 만반의 준비가 갖춰진 만큼 행복한 크리스마스가 될 것이 분명했다.

그뿐만 아니다 후배가 보내준 꽃으로 장식된 귀하고 아름다운 양초 선물은 금상첨화가 되어 이번 크리스마스를 한층 더 뜻깊게 맞이할 수 있게 되었다.

아직도 몇 주 남은 크리스마스까지는 매 주말을 아름다운 꽃 양초를 밝히고 슈톨렌을 썰어 놓고 그야말로 우아하게 남편과 와인을 나누며 오래도록 잊고 살았던 감사의 시간을 가지면서 크리스마스를 경건하게 기다리며 맞이하기로 했다.

감사함이 온 하늘과 땅에 차고 넘치는 아름다운 12월이다.

인생은 결코
추억이었더라

얼추 40년 가까운 세월이 흐른 것 같다. 신학기를 맞아 새로 부임한 숭례학교에서 처음 만났을 때가 바로 어제 같은데 우리는 벌써 80을 훌쩍 넘겼으니 그때가 도대체 몇 살이었더라

그동안 좋은 친구로 지낼 수 있었다는 것은 참으로 감사할 일이다. 우리는 그 후로도 여러 학교를 옮겨 다녔고 퇴직한 지도 오래되었지만 모임을 갖고 한결같이 정기적으로 만나는 것은 말할 것도 없고 다만 옷 한 가지, 책 한 권을 사도 온 서울 시내를 다 헤집고 얼마나 쏘다녔던가.

또 친구는 붓글씨를 잘 쓰는 재주꾼이어서 좋은 글귀를

써서 나누어 갖기도 했고, 인사동은 물론 전시장이란 전시장은 다 섭렵하면서 직접 서예전을 열기도 했다. 그뿐인가 영화를 좋아해서 명화라면 열 일을 제치고 감상하러 뛰어다녔던 그 시간들이 너무도 소중했고 눈물이 날 만큼 아름다웠다.

친구는 또 운전을 잘해서 민첩한 기동력으로 국내 여행도 많이 했지만, 해외여행도 여한이 없었던 것은 좋은 친구로 짝짜꿍이 잘 맞았기 때문일 것이다. 얼마 전에는 도나우(다뉴브)강이 그립다고 하더니 그 모두가 가슴 시리도록 아름다운 추억이 아닐 수가 없구나. 이제 다시는 돌아올 수도, 만날 수도 없는 루비콘강을 건넜다니 도대체 어떤 강이 그렇게도 매정할까 꿈이라면 빨리 깨어나고 싶다.

친구는 교사로도 훌륭한 자질을 갖추었지만, 가정생활에도 모범주부였다는 것이 우리 모두에게 그를 더 신뢰케 했던 또 하나의 이유이기도 하다. 남편한테 잘하고 자녀교육에도 충분히 노력한 의지의 어머니였다. 음식 솜씨가 좋아 자주 베풀었고 시식도 곧잘 시켜주고 하더니 그 모두가 다 추억이 되었구나.

언제나 차림새도 세련되고 뛰어났던 것은 그의 특유한 미적 감각이 남달랐던 것도 사실이다. 특히 옷을 장만할 때마다 같이 의논하고 상의하면서 돌아쳤던 그 시절이 아마도 우리 인생에서 가장 왕성했던 전성기가 아니었을까. 우리는 가장 값진 인생의 가치를 추구하고자 노력했고 서로의 의견이 잘 맞아떨어질 때는 맞장구를 치면서 얼마나 행복했던가. 앞날을 위해 설레는 꿈을 꾸면서 배꼽 잡는 웃음꽃은 또 얼마나 피웠던가.

사교춤을 추지 못한다는 것은 시대착오라며 용기 없는 우리에게 앞장서서 기회를 만들어 새로운 경험을 하도록 노력했던 것도 친구의 진취적 사고방식의 일환이었다. 이렇게 무궁무진한 도전은 우리들의 일상적인 생활이었고 내 청춘에 보너스 같은 지혜로운 나의 친구들이었다. 그 화려하고 뜻깊었던 시간들이 주마등처럼 지나가는구나.

건강을 잃으면서 쾌유를 위해 기도하고 애원했던 그 시간마저도 물거품이란 말인가.

통곡한들 무슨 소용이 있을까.

모든 것은 과거로 될 수밖에 없단 말인가.

인생은 결국 추억이란 말인가.

삼우제까지 무사히 마쳤다고 전화 해주는 친구 남편의 비통한 목소리가 가슴을 찢다 못해 아리고 숨이 막혔다.

아 아 그저 신음 소리밖에 아무 말도 못했다.

잘 보내주었냐고 물어볼 수가 있었겠는가.

언제 다시 온다는 약속이라도 받았느냐고 물어볼 수가 있었겠는가.

아 몸부림치며 친구를 부른다고 돌아보기나 할 건가.

친구의 화사했던 그 미소가 이렇게 산산조각이 되었단 말인가.

안목이 높았고 솜씨가 훌륭해 집도 잘 꾸며 놓고 음식도 잘해서 알뜰살뜰 섬기던 그 남편을 혼자 두고 어쩌자고 저만 홀연히 떠날 수가 있단 말인가.

친구의 효자 아들로부터 문자가 왔다.

"선생님 오래오래 건강하게 장수하시다가 아주 먼 훗날 저의 어머니 만나게 되면 그때도 좋은 벗이 되어 주시길 바랍니다."

우리는 꼭 만날 것이다. 만나서 숭례모임을 계속할 것이다. 친구야 기다려라.

벌써 그립다 말을 하려니 눈물이 쏟아진다.

내가 세상을 떠나는 날, 나의 남편은 남은 내 친구한테 무슨 말로 전화할까.

전화할 용기는 있을까.

울면서 고맙다고 할까 잘 보내줬다고 할 건가.

차라리 진심으로 사랑했었노라고 그 한마디가 괜찮을 것 같은데….

인생은 그저 추억이란 말인가 미래가 아닌 과거란 말인가.

지난날로 돌아가서 몸부림치며 서로를 그리워할 수밖에 없는가.

아 인생은 결코 추억일 수밖에 없다니.

(2019. 8)

마지막 통화

시작이 있다는 것은 곧 끝이 있게 마련이다. 내 인생 역시도 이제는 정리하는 중이지만 그것이 꼭 나쁘거나 비극이거나 절망을 뜻하는 것이라고는 생각 않는다. 자연의 현상이라는 철칙이 생로병사의 수순에 의해 정말 자연스럽게 자연으로 돌아가는 지극히 자연적인 현상일 뿐일 것이다.

나는 몇 년 전에 우연히 잠깐 정신이 아물아물해지는 것을 느끼며 '내가 이상하다 왜 이렇지…' 하면서 곧바로 정신을 잃은 적이 있었다. 아주 잠깐이었지만 옆에 가족을 놀라게 했는데 다행히 금방 정신을 차렸기에 별일은 아니었다. 그래도 그냥 있기는 조금 께름칙하고 이해가 안 되었다.

그래서 다니던 병원에 가서 사실을 상담했더니 심각한 중풍이 올 수도 있고 또 다른 불행한 전조증일 수도 있다고 하면서 큰 병원으로 빨리 가라고 호들겼다. 그 바람에 할 수 없이 팔자에도 없는 응급차를 타고 서울대학 병원으로 가게 되었다. 그때 응급차 안에서 친구로부터 전화를 받았다. 그때는 사실이지 응급이지만 아픈 것도 아니니 별생각 없이 지금 응급차로 병원 가는 길이라고 했더니 친구는 많이 놀라 병원까지 한숨에 달려왔던 적이 있었다.

친구와 가족을 놀라게 했지만, 검사 결과 아무 이상 없이 정상이었다. 벌써 한 십 년은 된 것 같다. 세월은 빨라 나이를 먹어도 별 탈 없이 건강했는데 이번에 머리가 갑자기 찌르는 듯 아팠다. 놀라지 않을 수가 없었다. 평소 머리가 아파 본 적은 거의 없었는데 단, 한차례 감전처럼 지나갔지만, 그냥 지나치기에는 불안해서 병원에 가서 증세를 설명했더니 머릿속에서 일어나는 증세는 큰 병을 예고하는 전조증이 될 수 있으니 CT 촬영을 해 보지 않고는 알 수 없다고 했다. 절차를 다 밟으면 시간이 오래 걸리니 응급실로 가서 촬영하라는 것이다. 빠르면 빠를수록 좋은 방법이란다. 머릿속에는 혈관이 막힐 수도 있고 좁아질 수도 있으니 CT를 찍어 직접 봐야 정확한 판단이 될 수 있다는 것은 당연했다. 어쩐지 응급실이라는 말만 들어도 겁이 났고 불안은 했지만 빨리 결정을 할 수밖에 없었다.

CT 촬영은 바로 누워서 둥근 통 속으로 들어가면서 촬영이 되는데 딱 누우니 전화가 크게 울렸다. 지금 아프거나 정신이 없는 것도 아니고 해서 전화를 받았다. 그때 10여 년 전에 응급차 안에서 전화를 받았는데 오늘은 응급실 CT 촬영 침대에서 똑같은 친구로부터 전화가 왔다. 응급의 순간마다 수호신처럼 나타나는구나! 참으로 반갑기도 하고 뜨거운 우정을 느끼지 않을 수가 없었다. 친구가 놀랄까 봐 어물어물 대답만 하고 응급실을 숨겼다.

그리고 나중에 집에 돌아와서 다시 전화해서 아까 전화 받은 상황이 응급실 CT 촬영 침대에서 촬영 통으로 들어가기 직전이었다고 말했더니, 친구는 혼비백산의 경지가 된 듯 결과만을 다급히 물었다. CT 결과도 아무 이상이 없었고 오히려 혈관 건강은 50대 혈관 정도로 젊다는 속 시원한 판정을 받았으니 세상에 돈 쓰고 이렇게 기분 좋을 수가 없다면서 남편은 우리 그냥 집으로 가지 말고 외식이라도 하자고 했다.

물론 우리는 전화도 자주하는 친구이다 보니 있을 수 있는 일인지는 몰라도 내가 세상을 끝내고 떠나기 전에 할 수 있는 마지막 통화는 이미 정해진 것이 아닌가. 마지막 통화가 연습처럼, 절박한 시간, 아니 절체절명의 순간마다 꼭 나타나는 친구와의 통화가 그냥 우연이었을까. 천생연분이란 인연은 꼭 부부의 인연만은 아닌 것 같다. 친구란 존재도 허다한 인연 중에 친구가 될 수 있다는 것 역시 보통 인연을 넘어 천생연분의 범주에 해당할 수 있는 인연이라는 생각이 든다.

부모 형제라고 마지막 말 한마디를 다 나누고 헤어질 수 있었던 것도 아니었으니 허무할 수밖에 없다. 마지막 통화 과연, 마지막으로 나눌 수 있는 그 말 한마디가 누구와 할 수 있을까. 가장 가치 있는 그 말 한마디를 꼭 나누고 헤어져야 할 친구는 이미 정해진 것이 아닌가.

2

아버지 사진 한장

9일간의 축제

살아있는 동안 자신은 물론 가족을 위해 노력을 아끼지 않고 최선을 다했다면 지극히 당연한 삶이라고 할 수도 있다. 그뿐 아니라 국가와 사회의 일원으로서 책임과 의무는 말할 것도 없고, 사랑과 배려 희생이 더했다면 인간으로서는 가장 가치 있고 보람된 삶일 것이다.

만약 자수성가해서 문중을 일으키고 성실과 부단한 노력으로 대의를 앞세우고 재산까지 모아 주변을 살피고 자선을 베풀어 많은 이웃으로부터 덕망을 쌓은 자라면 더 이상 바랄 게 또 있을까 싶다. 아마도 오늘 축제의 주인공이 바로 해당되는 삶이 아닐까?

그러나 자연의 질서는 이 모든 것에 대하여 영원할 수도 차별이 있을 수도 없다는 것만큼은 분명했다. 시작이 있으면 끝이 있고 그 끝은 또 어떤 방법으로도 또다시 시작을 꿈꾸는 것이 아닐까, 봄이면 다시 움트는 생명처럼.

우리 전통 사회에서 재미있는 사실은 사후에 장삿날이 9일, 7일, 5일, 3일 이렇게 모두 홀숫날이다. 짝수가 아니고 홀수로 날을 잡는 것도 뜻이 있을 것 같은데 조상들은 홀수를 더 좋아한 것인가? 일반적으로 재물이 많거나 체면치레를 앞세우는 양반 가문에서는 으레 9일장으로 하는 것이 보편화 된 것 같다.

국장이나 사회장이 아니면 그중 가장 긴 날 9일은 부모님을 마지막까지 좀 더 오래 모실 수 있다는 갸륵한 효심의 뜻도 있었겠지만, 가문에 대한 과시나 체면이 더 앞섰지 않았을까. 그러고 보면 오늘날 3일장은 얼마나 합리적이며 3일장이나 9일장이나 다 형편에 맞게 하는 것이 가장 현명할 것이다. 그 당시만 해도 3일장은 집안이 어렵거나 최소한의 형식이었으니 가난한 사람들의 몫이 될 수밖에.

실지로 9일장은 매우 힘든 행사이기도 했다. 주인공은 향리에서 알아주는 양반으로 생전에 덕망이 높고 더구나 만석의 부를 쌓은 재력가에다 자식이 십여 남매나 되었으니 이

승에서는 누릴 수 있는 최대의 복을 갖춘 성공한 인물로 평가된 것은 당연했을 것이다. 이렇게 성공한 분들은 거의 자신의 사후 문제마저도 빈틈없는 청사진을 완성해 놓고 죽음을 맞는다고 했다.

9일장을 치를 수 있는 장사 일정이며 초상 내 쓰일 상포(광목과 삼베) 수십 필, 쌀 몇 섬 문상객의 여비까지 일체의 경비를 완벽하게 준비해 놓는다고 했다. 대단한 책임감이라고 해야 할까.

드디어 만반의 준비는 완성되었고 세상을 하직하는 날. 운명(殞命)과 동시에 일사불란하게 사랑에서는 남자들이 할 일, 안에서는 여자들이 할 일이 나누어지게 된다. 대청마루에서는 동네 재봉틀 열 대가 당장 모아지고 상복 마름질부터가 시작되니, 굴건제복(屈巾祭服)의 십여 명의 안팎 상제(주)들은 두 배가 되지만 거기에 딸린 손자들 하며 삼, 사촌은 물론 오륙, 칠, 팔, 구촌들까지도 하다못해 두건에 완장이며 촌수와 연령에 따라 안배가 된다.

어린아이들까지도 삼베 허리띠는 다 둘러야 하는 판국이다.

금강산도 식후경인데 모든 행사는 먹는 것부터가 제일 급선무였으니 남포등 수십 개가 중뜰 아래뜰로 가설되고 가마솥이 몇 개나 내걸리고, 소 한 마리 잡은 것은 담당자의 특별한 관리로 9일간 잘 안배될 것이고 생선은 종류마다 몇 짝씩 운반이 되었다. 과방을 지키는 당번, 밥하는 아낙들은 종일 쌀을 씻고 돌을 고르고 밥만 지어야 했고 국 끓이는 당번, 반찬 당번, 물 공급 당번, 땔감 나르는 당번 이렇다 보니 온 동네가 참여해야만 감당할 수 있는 행사가 되었다.

이러니 9일간 동네 전체가 따로 밥을 하는 집이 있을 수도 없었으며 9일 동안은 온 동네가 한 집도 굴뚝에서 연기 나는 일이 없었다는 사실도 당연했을 것이다. 동네가 어른 아이 할 것 없이 소 한 마리로 맛있는 고깃국에 쌀밥을 진지야 이지야 그뿐이냐 문상객 등 인근 일대를 적선으로 덮었으니 얼마나 쌓은 재산이 많으면 그토록 축제 아닌 축제가 9일간이나 풍성하게 진행되었단 말인가.

덕망 있는 자는 사후에도 베풀 수 있는 여력이 있어야 할 것 같다. 더 놀라운 것은 이 행사를 몸소 진두지휘하면서 앞장서서 그 일을 다 감당할 수밖에 없었던 이 댁 종부가 바로 내 친구라는 것이 새삼 대단하고 자랑스러웠다.

당시를 회상하는 친구의 가슴에 남은 가장 아린 사연 중에는 어린 종부의 위치가 얼마나 힘들고 괴로웠으면 꼭 죽고 싶었다고 했을까. 눈물겨웠지만 더 감동스러웠던 것은 그의 말 한마디였다.

"나의 어머니도 종부로 이런 일을 다 감당하셨는데 나도 참고 견뎌야지."

어머니 생각을 하면서 그 어려움도 기꺼이 참고 헤쳐나갈 수 있었다고 했다. 교육은 어떤 이론보다 보고, 듣고 한 경험이 고귀한 산교육이라는 것을 알 수 있었다. 내가 이 친구를 소중히 여기고 부러워한 것은 양반댁 부잣집으로 시집 잘 간 것이 아니었다. 그 어려움을 참고 견뎌낼 수 있었던 저력과 인품이었다.

이제 9일째 되는 날 축제의 최종 하이라이트!

주인공은 꽃장식으로 잘 꾸며진 상여에 실려 울긋불긋 휘날리는 만장(輓章)의 행렬을 앞세우고 풍성한 후손들은 길게 따르건만 상여꾼들의 구슬픈 소리가 온 동네에 울려 퍼진다.

"어 어 어어 어허, 이제 가면 언제 오나. 기약 없는 황천길."

진혼곡이 되어 북망산을 향해 메아리쳤지만 진짜 축제의 주역을 맡은 아름다운 젊은 종부의 활약은 오래오래 눈여겨 볼 만했을 것이다.

봉제사 접빈객(奉祭祀 接賓客)

단원 김홍도의 풍속화에는 베 짜는 며느리 뒤에 시어머니 표정이 예사롭지 않았다. 고부간의 관계랄까 심리 묘사가 잘도 표현되어 과연 대가의 관찰력이며 뛰어난 실력에 탄복하지 않을 수 없었다. 시대는 변해도 고부간의 관계는 변함이 없다는 것은 어쩌면 인간 사회의 영원한 과제인지도 모른다.

우리 어머니께서는 아들 집이라도 일 년에 겨우 한두 번 오실까 말까 하는 정도였다. 그도 그럴 것이 차남이기도 하지만 식구 전부가 직장, 학교로 다 나가니 종일 빈집에 혼자 계시기가 뭣하셨을 것이다. 그런 어머니께서 어쩌다 한

번 오신다고 파발이 오면 온 식구가 최선을 다해 어머님을 맞는 것은 당연했을 것이다. 남편은 먼저 성경책부터 감추고 현관문에 붙은 교회 표를 떼는 등 어머님의 심기를 건드리지 않게 최대한 모든 면에 신경을 쓰면서 어머님을 맞았다. 이제는 다 지난날이 되고 보니 그 모든 것이 다 그리운 추억이 되었을 뿐이다.

나는 저녁 준비에 여염이 없는데 어머님께서는 여독도 풀리지 않았을 텐데 집안 이곳저곳을 살피시면서 살림살이 조언도 해주시고 어떤 때는 직접 팔을 걷어붙이시고 정리정돈을 해주실 때도 있었다.

그리고는 건넌방에 가셔서 마침 붓글씨 연습하다 둔 글씨를 보시고 구(歐)체가 아닌 안(顔)체를 선택한 것을 나무라셨다. 구양순(歐陽詢)체가 글씨의 정도라는 것이다. 안진경(顔眞卿)체로 말할 것 같으면 정도를 벗어난 글씨의 개혁이라는 것이다. 그러니 글씨의 변혁이란 뜻이다. 글쎄 구양순체나 안진경체나 지금은 공부하는 중이고 어느 체를 쓰던지 서예의 세계도 무궁무진한 학문이거늘 어머니의 편견을 항거할 수도 없고 듣고만 있을 뿐이었다.

그럼 추사(秋史)체 역시 서체로 따지자면 가히 파격적인 혁명이라고 할 수도 있거니와 서예가들은 어느 체를 선택하는 것도 중요하지만 연구하는 정신으로 공부하고 수련하는 것이 아닐까? 그 후에 자기체가 탄생하기도 하고.

선조들이 개혁보다는 전통을 중히 여긴 정신이 어머니에게 고스란히 느낄 수가 있었다. 여기까지는 그래도 순조로운 어머님의 의견이라고 해도 별문제는 없었다.

그런데 낙관을 보신 어머니는 너무 놀라시면서 "세상에 이런 불측하고 몰상식한 변이…" 하시면서 화를 참지 못하시고 나를 몰아세웠다. 그것은 다름 아니라 작품에 기록된 나의 호가 청형인데 그 형(馨)자가 돌아가신 시아버님의 함자 중에 있는 글자이다. 이 사실은 나도 이미 알고 있었다. 처음 서예에 입문하면서 스승께서 나의 호를 먼저 고심하시다가 청형(靑馨)으로 하고 낙관까지 만들어 주셨다. 나도 처음에는 놀라 남편한테 보였더니 오히려 남편은 괜찮다고 했다. 아버지께서 며느리가 형(馨) 자를 호에 쓴 것은 어쩌면 아버지께서는 영광으로 생각하실지도 모른다는 것이었다.

그러나 나는 안 되는 사실임을 상식적으로도 알고 있었다. 시아버님께서는 우리가 결혼 전에 이미 돌아가시고 뵙지는 못했지만 먼 촌수도 중복되는 글자는 피하는데 하물며 아버지를, 아무리 지금 안 계셔도 이것은 안 되는 도리라고 하니 남편은 우주 과학 시대에 도리보다 더한 아버지를 자기는 뜨겁게 느꼈다면서 음악가 요한 슈트라우스는 자기 아들을 요한 슈트라우스라고 똑같은 이름을 썼는데 글자 하나 같다고 문제 될 것은 없다고 했다. 오히려 일찍부터 개명하셨던 아버지는 틀림없이 기뻐 환영하셨을 것이라고 우겼다.

말도 안 되는 남편의 지론이지만 남편 말이 틀린 것은 아니나 부담을 떨칠 수는 없었다. 스승께 사실을 고백하니 갸륵한 뜻은 알겠는데 호는 이름하고 다르니 별걱정 안 해도 된다고 나를 타일렀다. 그러나 나는 항상 마음이 편치는 않았다. 세상에 죄짓고 못 산다는 말도 있는데 오늘 아니나 다를까 시어머님의 사찰에 딱 걸리고 말았다.

나는 어머님 앞에서 무조건 잘못했다고 빌면서 시정하겠다고 아뢨지만, 남편은 시대를 운운하면서 어머니를 설득하려드니 어머니는 제 계집 편만 드는 아들에게 더 섭섭함을 금치 못하시는 것 같았다.

오랜만에 정성 들여 어머님이 좋아하시는 것으로 맛있게 차린 저녁상도 칭찬하나 못 듣고 호를 바꿀 것을 다짐하고 겨우 어머니를 진정시켜 드렸다. 지금 생각해도 어머님 앞에서는 항상 미숙하고 허술했던 어리석음이 어머니 마음을 얼마나 서운하게 해 드렸을까 싶다.

그것뿐 아니라 딸이 학교에서 각 가정의 가훈 전시회를

한다고 벽에 걸린 가훈 액자 '착하고 아름다워라'를 떼 가는데 할머니가 보시고 "이게 무슨 가훈이냐"면서 나무라시니 손녀가 "그럼 할머니가 원하는 가훈은 뭐예요?"

'봉제사 접빈객(奉祭祀 接賓客)'이 우리집 가훈이라고 하셨다.

손녀도 마음에 안 들어 했고 남편은 더구나 싫어했다. 물론 나도 싫었지만 말 한마디도 할 수 없었다.

지금은 그 호랑이 같은 시어머니마저 돌아가시고 안 계시니 우리는 고삐 풀린 망아지처럼 살아가고 있다.

(『여울 19』 2018. 1)

여인의 나들이

살면서 때로는 나들이도 할 수 있다는 것은 생각만 해도 기대가 된다. 쳇바퀴 같은 일상을 한번쯤 박차고 샛바람을 쐴 수 있는 돌파구 역할이 아닐까.

꽃구경 산천 구경은 친구들과 동행도 좋지만 사랑하는 사람이라면 그 감동은 또 다를 것이다. 처음 가는 곳이면 호기심까지 즐거움은 배가 될 것이고, 하여튼 흥미롭고 가슴 떨리는 기다림은 좋은 나들이의 진수임에는 틀림이 없다.

이 옷이 더 어울릴까. 저 차림이 더 멋있을까. 어릴 때 뜬 눈으로 소풍날을 맞았던 그 순수한 동심도 잊지 못하지만, 지금의 감동과 깊이는 그 강도가 감히 비교될 정도는 아닌 것 같다.

알고 보면 나들이는 일상생활 속에서 가장 의미도 있고 역동적일 수도 있는 변화를 위한 삶의 조미료 역할이기도 하다.

깨끗이 하고 분단장에 머리도 다듬고 거울 앞에서 매무새를 고치고 바꾸고, 자신을 위한 가장 창조적인 투자이고 기분 좋기로는 더할 나위 없는 준비임에 틀림이 없다.

그때 어머니는 당신의 나들이를 위해서 오랜 세월 동안 유름해 둔 것을 진정으로 당신을 위해 과감히 집행하겠다는 결의 아래 날을 잡으신 것 같았다. 숙모도 불러 놓고 바느질 잘한다는 이웃 아주머니 몇 분들과 모여 당신의 나들이 준비에 대한 계획을 발표하시는데 엄마의 표정은 무척 고무돼 있음이 역력했다. 그날 그 행복해하시던 엄마의 모습이 지금도 눈에 선하다.

장롱 속에 차곡차곡 마련해 두었던 색색의 비단과 잘 손질된 명주 필을 모두 꺼내 놓고 둘러앉아 의견을 듣고 나누고 모은 다음 마름질이 시작되고 곧이어 재봉틀이 돌아가면서 일손들은 빨라지는데 가히 점입가경이었다.

부엌에서는 맛있는 점심이 고소한 냄새와 함께 보글보글 끓고 있고. 열심히 일하는 얼굴들은 하나같이 희희낙락 즐겁게 엄마의 행복한 나들이를 위한 빈틈없는 준비에 최선을 다하는 모습들이었다.

윤기 자르르한 모본단(비단의 하나) 다홍색에는 매화 무늬가 같은 색으로 양각된 것같이 수놓은 것처럼 직조가 되어 있었는데 내가 보기에도 붉은색이 금방이라도 물이 배어 떨어질 듯 고왔다. 고상하고 품위도 있었지만 화려하기가 비길 데 없었다. 만장일치로 당장 치마로 결정이 되었고 진 청록색은 저고리로 어울려 자주색 반회장 깃 고름 끝동까지 배색이 되니 금방 매혹적인 조화로 연출되었다.

또 은은한 비취색 원삼은 오색찬란한 색동 소매로 배색을 맞춘다는 것은 매우 파격적이었지만 그 황홀하기가 꼭 왕비마마의 나들이 차림이라 해도 손색이 없을 정도로 우아하고 기품이 있었다.

최고의 멋을 부리고 사치의 극치를 치닫기는 해도 그 고고함이 품격은 물론이고 너무도 고상했으며 화려하고 아름다웠다.

깨끗하게 손질된 돌돌 말린 명주 필들은 거의 속옷 및 부속품(한삼, 버선, 수건 등)으로 만들어졌다. 그 수효는 일일이 기억나지 않지만, 속적삼도 몇 개였고 속바지도 종류마다 달랐다. 고쟁이 다니(치마와 바지 중간, 속치마 역할)까지 완성된 것부터 켜켜이 정돈되고 상상할 수도 없을 만큼 멋을 부렸다고 해야 하나, 비단 이불이며 깔개까지 어느 하나 허술한 면이라고는 한 곳도 찾아볼 수가 없었다. 완벽한 준비였다.

정말 최선을 다한 우리 엄마의 욕심인지 사치함은 극치의 끝을 보는 것 같았다. 이 모든 것은 욕심쟁이 엄마의 직접적인 진두지휘하에 이루어진 작품들이었다.

나는 어머니께서 이토록 최고품은 물론이고 화려한 색감에 목을 매다시피 멋을 부리는 허영심쟁이에다 욕심쟁이였나 할 정도로 당신을 위해 정성이나 욕심을 부리시는 모습을 본 적이 없었는데, 이런 어마어마한 욕망도 있었고 야망도 있었구나! 놀라지 않을 수가 없었다.

당신의 나들이가 그토록 중요했는지 어리석은 딸이 그때는 정말 아무것도 모르는 천둥벌거숭이로 감히 엄마를 이해하기에는 너무도 역부족이었다.

엄마의 나들이는 가슴 떨리는 만남을 위해서 마련한 최고의 멋이요, 최대의 준비를 큰마음 먹고 하신 것은 다 이유가 있었다. 당신의 그토록 사랑하고 존경했던 지아비를 만나는 최고의 나들이였으니.

먼저 떠나신 우리 아버지를 만나는 그 기막힌 준비에 최선을 다한 것은 당연할 수밖에 없었다.

엄마는 아버지를 만나는데 무엇이 아까울 게 있었겠는가. 원도 한도 없는 최고의 사치가 무슨 대수였겠나, 얼마나 예쁘게도 보이고 싶었을까. 아버지가 못 알아보실까 봐 그 흔한 남들이 다하는 파마 한 번 안 하시고 비녀 머리를 끝까지 고집하고 기다리신 것 아닌가.

여인의 욕망은 하늘을 찌르고도 남았다. 당신 나름 최고요, 최대의 멋을 부리고 싶었던 그 마음을 그 욕심을 이제는 이해하고 말고가 어디 있겠는가.

엄마는 과연 얼마나 행복했을까. 아니 얼마나 애절하고 사무쳤으면 그토록 성심성의를 다한 준비를 하셨을까.

우리 엄마의 화려한 나들이는 언제까지 계속되는 것일까. 나들이를 마치고 돌아오실 날도 있기는 있을까.

아빠 소식, 아빠 이야기도 많이 많이 듣고 싶어요. 어머니!

어머니 아버지 너무 많이 그립고 보고 싶습니다.

불 밝던 창에
어둠 가득 찼네

아침 7시만 되면 어김없이 형님께 전화를 걸어 문안을 드리는 것은 하루 일과가 시작이 되었다.

간밤에 무사히 주무셨는지 식사는 아무리 힘들고 입맛이 없어도 한 숟가락 더 뜨기 운동을 하자고 약속을 했다.

오늘 일정 중에도 요양 보호사와 휠체어 타고 햇볕 쬐는 산책을 제일 중요하게 부탁하고 챙겼다.

88세의 누님이 85세의 동생을 돌보시는데 그 아래 82세의 동생은 멀리서 자주 가볼 수도 없고 늘 죄송한 마음으로 오늘도 전화 문안이나 할 수밖에 없었다.

형님은 하루가 다르게 점점 사그라져 가는 삶의 등불을

힘겹게 부여잡고 사투를 벌이고 있는 중이다.

얼마 전까지만 해도 형님과 직접 통화가 되었고 오직 기다리는 동생의 목소리가 반가워 서로를 눈물겹게 염려하면서 뜨거운 우애를 나누었는데 이제는 전화도 받지 못하고 하루하루 악화 일로로 치닫기만 하니 기가 막힌다.

며칠째 잠도 못 주무시면서 큰소리로 당신 기억 속을 헤매다가 알 수도 없는 숱한 기억의 조각들을 들먹이면서 소리를 지르고 횡설수설이 심해지니 누님께서는 이 상황이 바로 소설을 쓰는 중이라며 절망의 한숨을 쉬셨다.

어처구니없는 소설 속에는 어린 시절이 있었고, 또 학창시절이 등장하는가 싶더니 우리집 담벽에서 기다리던 여학생들이 등장하질 않나, 또 알 수도 없는 이름이 불려지는 것만 봐도 지난 세월이 얼마나 엉키고 설켰으면 뒤죽박죽이 되었는지 섬광처럼 지나가고 또 파편이 되어 발산되는 듯했다. 어쩌다 조용해지면 노래도 불렀다.

'불 밝던 창에 어둠 가득 찼네 내 사랑 내 나 병든 그때부터'

참으로 애절하고 눈물겨웠다. 놀라운 것은 추억의 장소가 떠오르기라도 한 것은 아닌가 싶다. 그곳이 어디쯤일까. 많은 노래 가운데 유일하게 이 곡을 선택한 이유가 있을까 아니면 파편이 되어 튀어나온 기억의 조각일 뿐일까 아니면 이 특별할 수도 있는 노랫말이 마음에 들었단 말인가.

아니면 혹 특별한 사연이라도 있을지도 모른다. 그 누구에게도 발설하지 않았던 낭만의 추억일 수도 있고 또 잊지 못할 인연이 있었을지도 모른다. 그 옛날 집 담벼락에 붙어서 기다리던 그 많던 여학생들은 다 어디로 갔을까.

큰소리를 지르고 침대 난간을 부수고 아래층에서 놀라 올라올 정도로 날마다 병세는 심각해지고 그때마다 지극한 누님을 실망케 하니 너무 안타까웠다.

아무리 생각해도 모를 일이다. 사람이 변해도 이렇게 변할 수 있나. 평소 조용하고 침착하고 사리판단이 어느 누구도 따를 자 없던 신사가 도대체 얼마를 더 망가져야 되는지. 그래도 누님은 아직은 요양원에 보낼 수 없다고 하셨다. 세상에 둘째가라면 서러울 남매분들의 우애를 어쩌자고 정신줄을 놓는단 말인가.

동생이 회상하는 형님은 영원한 길잡이로 자기의 유년 시절에는 언제나 형님의 동생으로 자기라는 존재는 항상 빛나는 형님한테 가려서 선생님도, 선배도 모두 형님의 동생으로만 불렸다고 했다.

잘해도 아무개 동생이 역시 다르구나. 못해도 형님은 잘

하는데 너도 잘할 것이다. 언제나 형은 자랑스러운 나의 형이었다. 아마도 세상에는 '형만 한 아우가 없다.'는 만고 진리가 존재한 이유일 것이다.

부모님도 형에게 거는 기대가 당연하셨겠지만 형님은 집에서나, 동네에서나, 학교에서는 물론이고 문중 어디서나 칭찬의 덕목이 뚜렷했다고 했다. 바른 신언서판(身言書判)에 잘생긴 미남으로 항상 똑똑하고 예절 발라 모범생은 형님의 트레이드마크였다. 그러나 여기서 꼭 하고 싶은 말이 있다. '자랑 끝에 쉬 쓴다.'는 말이다. 세상에는 완벽함은 있지도 않지만 있을 수도 없다. 완벽했던 형님도 독신을 주장해서 부모님께 얼마나 걱정을 끼쳐드렸을 텐데….

형님의 허점이 아닐까. 이제 우리들의 큰 나무 형님은 조용히 못다 부른 그 노래를 끝낼 수 있을지.

불 밝던 창에 어둠 가득 찼네
내 사랑 내 나 병든 그때부터
그 언니 울며 내게 전한 말은
저세상 가도 사랑하여 주라고

여운처럼 남기고 조용히 눈을 감으셨다.

당신의 사랑, 감사합니다. 다시 만날 때까지 안녕히 계셔요.

저 들녘의 꽃들은 어디로 가나

윤달은 모든 것을 허용한다고 하니 우리도 편리한 날을 잡았다. 새벽 5시부터 작업을 시작한 것은 한낮의 더위를 피하기 위해서인데 새벽 공기는 신선하면서 매우 상쾌하고 건강했다.

포클레인이 먼저 시작하면서 잠깐 해도 몇 사람 몫을 거뜬히 해치우는 솜씨가 대단한데 청년기사의 기계 다루는 요령이 매우 능숙해서 탄복이 절로 나왔다. 뒤편의 흙으로 앞을 넓히고 둔덕을 쌓는데 우직하게 생긴 포클레인 손은 사람 손놀림 이상으로 날렵하게 흙을 파고, 담고, 옮겨 붓고, 다독이고, 눌러서 매끈하게 뒷손질까지 깔끔하게 마무리하

는 것은 기계와 기사와의 절묘한 궁합이라고 볼 수 있었다.

우리 속담에 시작이 반이라는데 그토록 엄두를 못 내고 고민하고 애를 태웠던 부모님 산소를 다시 정비해서 새롭게 꾸미는데 정작 시작하고 보니 생각 외로 잘 진행되어 참 다행이다.

기계가 하는 일과 사람이 하는 일이 구분되고 부모님 산소가 드디어 해체되니 40년 된 아버지 산소가 열리고 다음 어머니 산소가 열렸다. 허망하기로 말하자면 이를 데가 없지마는 세상 어떤 생명체도 예외는 없었다. 결국은 모두가 이렇게 되는구나. 흙으로 만들어졌으니 흙으로 돌아갈 수밖에 없는 운명.

한때 미국서 애창되었다는 노랫말이 생각났다.

저 들판의 꽃들은 어디로 가나
꽃들은 아름다운 여인에 의해 꺾기우리
저 아름다운 여인은 어디로 가나
씩씩한 남자들의 품에 안기우리
저 씩씩한 남자들은 어디로 가나
전쟁터에서 한 줌 흙으로 변하리
저 한 줌의 흙은 어디로 가나

들판에 꽃으로 다시 태어나리
저 먼 옛날부터 저 먼 훗날까지

이제 새집으로 이사하는 우리 부모님도 한 줌 흙이 되어 이 대지에서 꽃으로 다시 피어날 것인가.

명절 때면 성묫길이 막힌다고 매스컴마다 야단을 떨지만 나는 부모님께 성묘 갈 생각은 한 번도 못했다.

딸이면 무슨 특권이나 된 듯 딸이니까 면죄부라도 받은 것처럼 으레 아들이 있으니 나는 출가외인이 아니냐.

말로만 아버지가 보고 싶고 엄마가 생각났지, 글로만 그립다고 눈물지었지, 생각하면 너무도 뻔뻔한 것이 도리도 아니고 부모님으로부터 받은 그 많은 사랑 그 많은 은혜를 이래도 된단 말인가. 한심하기가 이를 데 없었다.

지난봄 시부모님을 성묘하고 돌아온 이후로 죽기 전에 처가도 다녀와야 마무리를 할 수 있다고 해서 찾아뵈었을 때 퇴락된 산소가 너무도 초라하고 쓸쓸했던 우리 아버지 어머니 모습에 가슴이 아팠다. 돌아온 후로 늘 괴롭고 죄스러움에 견딜 수가 없었다.

죽기 전에 부모님 처소를 다듬어 드리지 않으면 이제 곧 뵈올 텐데 무슨 면목으로 다시 엄마 아빠를 뵙는단 말인가.

산소는 함부로 손을 댈 수는 없지만 윤달이라는 허락되고 의미 있는 달이라고 하니 우리도 이 절호의 기회인 윤달을 놓칠 수는 없었다. 우리 형제가 힘을 합치기로 뜻을 모았다. 부모님은 물론이고 수몰로 이장이 필요한 조모님까지도 이번 기회에 함께 모시기로 했다.

오늘 새 단장으로 꾸민 집에 할머님과 부모님을 차례로 모시고 나니 얼마나 기쁘고 감사한지 그토록 죄스럽고 괴로웠던 마음이 조금은 풀리기도 하고 스스로도 홀가분해졌다.

새집은 봉분을 쓰지 않고 평장으로 해서 비석으로 표식을 하고 보니 한결 품위도 있고 아름다웠다. 아버지 어머니 최신식 집으로 모셨으니 할머님 모시고 많이 많이 행복하시고 편안히 쉬세요.

잔디를 심고 둘레에는 회양목과 요즘 아름답게 피는 진달랫과 꽃나무를 심었는데 이 가뭄에 뿌리라도 내리게 구지포를 덮고 물을 주고 공사를 마무리하니 마음은 한결 가벼워지고 무한한 행복감에 돌아오는 길은 훨훨 나는 기분이었다. 더구나 할머니도 함께 모셨으니 아버지 어머니께서는 잘했다, 고맙다 칭찬해 주시는 음성이 들리는 것만 같았다.

대지는 몇 달째 가뭄으로 타고 있다고 뉴스마다 걱정인데 저녁에 국지성 비가 부모님 이장한 새집에 많이 내린다고 전화가 왔다. 너무도 고맙고, 감사하여 어머니 아버지를 조용히 불러보니 하나님의 은혜가 넘쳐 감사의 눈물이 절로 흘렀다. 살아생전 늘 하신 말씀 중에 '어진 끝은 있다.'고 하신 그 말씀이 바로 당신들에게 해당이 되어 이 가뭄에도 단비가 되어 내리는 것 같았다.

이사한 새집에 비가 촉촉이 내렸으니 이제는 부모님 계신 아름다운 정원에서 행복하게 만나 뵈올 날 만 남았구나.

행복으로 미소 짓게 하소서

TV 스포츠 프로를 즐겨 보는 남편은 그 중에도 테니스 경기에 늘 심취해 있다. 이제는 더 이상 테니스를 하지 않는다. 아니 못한다. 테니스는 비교적 격렬한 운동이어서 지금은 다른 종목으로 바꾸었을 뿐이다. 그러나 젊은 날의 추억은 누구에게나 쉽게 잊을 수 있는 영역은 아닌 것 같다.

딸 많은 집 여러 동서들 중에도 남편과 아래 동서인 이 서방은 운동을 좋아하고 연령도 비슷해서 자주 어울려 테니스를 즐겼다. 이 서방은 운동뿐만 아니라 다방면에 뛰어난 재능으로 걸출한 인물이었다. 그래서 별명이 컴퓨터라고 할 정도로 통했다.

운동을 좋아도 하지만 능력이 탁월해서 어느 코트에서나 기선을 잡는 인물이었다. 그렇다 보니 동서 간에 운동은 취미 이상으로 잘 맞아 시간만 나면 유명 코트를 누비고 다녔다. 특히 두 사람의 실력이 가장 돋보일 때는 복식 경기에서 한 조가 되어 전위 후위를 맡아 호흡을 맞추었다 하면 그때는 거의 당할 팀이 없었다고 하면 과찬일까. 아마도 그 연령대에서는 대적할 상대가 없었다고 자타가 공인할 정도로 알아주었다.

운동을 마치고 돌아와서 그날 경기를 자평하는 두 사람의 이야기만 들어봐도 틀린 말은 아닌 것 같다. 더 재미있는 것은 이들 수상 경력만 봐도 알 수 있다. 한 사람은 문교부 장관상 또 한 사람은 노동부 장관상이다. 화려한 수상 경력은 국가 양 부서를 장악했으니 그 실력들은 국가가 인정할 정도로 공인됐으니 알아줄 만도 하다.

나와 내 동생은 그토록 코트에서 펄펄 날다시피 뛰는 남편들의 실전 상황을 직접 구경하러 가거나, 관심을 갖고 참여한 적은 한 번도 없었다. 우리도 젊은 날에는 다 하는 일도 있고 바빴던 것은 사실이기도 했지만, 우리집 내력이 그렇게 자상하거나 겉으로 표현이 부족했던 것은 인정하고도 남는다. 또 남자들도 자신들의 바쁜 일정에 별로 원하지도 않았지만 그래도 지금 와서 생각하니 그 최고의 순간들을 한 번도 못 봐준 것은 후회도 된다. 왜 그 멋지고 자랑스럽던 장면들을 코트에 가서 구경도 해주고, 박수도 쳐주고 격려도 하고 칭찬 한 번 못해 줬을까. 청춘은 흘러가면 다시는 돌아올 수 없다는 사실을 그때 왜 한 번쯤 생각하지 못했을까.

그러나 아주 극성팬들은 많았다. 그중에도 친구 구박사의 평에 의할 것 같으면 얼마나 정확하고 날렵하게 공을 잘 치는지 꼭 제비 같다고 했다. 물론 우리 이 서방에 대한 찬사였다. 잘못 치는 초보자에게는 공을 상대의 바로 앞으로 정확하게 보내서 아무리 초보자라도 잘 받아 칠 수 있게 해주니 기가 막힐 지경이라나. 그러니 초보자도 이 서방하고 치면 다들 잘 칠 수밖에 없으니 뿅 가지 않을 사람이 없었다고 한다.

그렇지만 실력이 어느 정도 되고 공깨나 친다는 상대에게는 사정없이 그것도 비수처럼 내리꽂을 때는 받아넘길 상대가 없었다고 하니 역시 운동은 단련만이 성장 발전할 수 있는 것은 만고의 법칙이 아닌가.

그 어느 누구도 그와 한 번 대전은 영광이었을 것이라고 했다. 구박사도 그중 한 사람인 것 같다. 우리 남편은 이 서방만큼의 실력은 못 되도 이 서방과 대결할 수 있는 유일한 상대라고 하니 다행이다. 양 부서 장관 수상자를 어쩌면 국가 부서 간의 중요한 평가가 될 수도 있으니 함부로 누구누구 실력을 말해서는 안 될 것도 같으나 내 느낌이고 나의 틀림없는 평가가 맞을 것이다.

이들 동서가 한 조를 이루면 환상의 무적 커플이 될 수밖에 없었던 것은 무시할 수 없었던 저력을 알 수 있었다.

심지어 어느 은행장은 실력도 있었는데 한 번도 이 환상의 커플을 정복하지 못한 설욕을 씻고자 자기 산하 은행에 국가대표였던 젊은이와 한 조를 만들어 대결을 요청해 올 정도였다고. 역시 젊은 날의 객기는 열정의 계절이 아닐 수가 없었다. 승부가 얼마나 중요했으면 그토록 혈기 왕성했을까. 그때 그 치열했던 대결 들은 그 후 오래도록 잊을 수 없는 젊음의 절정을 유지하면서 실력을 쌓았을 것이다.

이제는 그 화려했던 수많은 격랑의 시합이며 경기 때마다 피를 끓게 했던 감동과 승리의 순간이며, 가장 중요했던 건강도, 젊음도, 그때가 정점이었지 않았을까. 그때 세월이 이렇게 빨리 지나간다는 것을 알고나 있었을까.

다시 그 코트를 제비처럼 날고 준마처럼 뛰던 그날이 올 수 있기를 바라는 것은 아니더라도 인생에서 그토록 정열을 쏟아부을 수 있었던 시절이 있었기 때문에 행복하게 추억할 수 있는 지금이 되었고, 이제 하향(下向)의 곡선 제일 아래서도 감사하고 있지 않을까. 흘러가는 인생길에 격정의 수많은 꽃송이를 피웠던 그 순간순간들이 다 감동을 자아내고 감사하면서 반추할 수 있다는 것은 얼마나 행운이며 이 또한 행복이 아닐 수가 없다.

지금은 비록 내일의 기약이 없는 병상일지라도, 망망대해에서 집채만 한 상어와 싸우면서도 꿈을 놓지 않았던 카리브해의 노인처럼 젊은 날 피워 둔 당신들의 꽃들이여, 그대로 피어 있으렷다. 더 아름답게.

화려하게 피운 그 꽃들은 비록 추억이 되었지만, 그들은 하나같이 당신들을 지금까지도 행복으로 미소 짓게 하니.

아버지 사진 한 장

친구가 지갑에 자기 아버지 사진을 간직하고 있는 것을 우연히 보는 순간 사실 나는 마음속으로 얼마나 놀랐는지 모른다. 팔십이 한참 넘은 나이에 아버지 사진이라니.

나보다 아버지를 존경하고 못 잊어 하는 딸이 있을까 했는데 바로 여기 이 친구야말로 아버지를 소중히 모시고 있는 효녀가 아닌가. 퇴색된 그 사진 한 장을 보는 순간 지금까지 말로만 떠들었던 자신이 얼마나 부끄럽던지 당장 어디 숨어 버리고 싶을 만큼 부끄러웠다.

나는 지금까지 그 누구보다도 내 부모님을 사랑했고 존경해서 못 잊어 그리워한 것은 내가 제일인 줄 알았는데 그게 아니었다. 평소 부모님 자랑도 많이 했지만, 특히 멋쟁이였던 우리 아버지만큼은 누구에게도 비교할 수 없는 보기 드문 신사요, 인품을 갖춘 분이라고 자부하면서 또 내 글의 소재 안에는 부모님의 추억으로 녹아 있었고 성품이며 습관까지도 부모님이 물려주신 자산이라고 떠들었는데 이런 부모님께 나는 해 드린 것이라고는 한 가지도 없었다.

사진 한 장 챙길 줄도 몰랐던 자신이 오늘 친구 앞에서 얼마나 초라했으면 그렇게 부끄러웠을까. 말로는 표현이 안 되어 후회인지 아쉬움인지 차라리 뺨이라도 호되게 맞았어도 이렇게 괴롭지는 않았을 것이다.

내 가족의 사진이 언제나 전부였고 말로만 부모님 우리 부모님 했지 모든 것은 그저 입에 발린 허구이었음이 분명했다. 이러고도 '아버지가 보고 싶네. 어머니가 그립네.…'

얼마나 뜬구름 같은 공염불이었나. 사랑한다는 말이 진실이었을까. 효녀는 고사하고 딸 자격이나 있기는 한 것인지 모를 일이다.

늦었지만 이제 와서 부모님 사진을 챙기니 아버지도 어머니도 다 지금의 내 모습보다도 훨씬 젊은 시절이었다. 정확히는 알 수 없는데 나는 지금 사진 속의 부모님보다는 아마 배는 더 살고 있는 것은 아닐까. 그러고 보니 세월은 참 많이도 흘렀다. 철없던 딸이 아버지 나이를 넘었어도 한참을 넘겼으니 부질없는 세월 앞에서 부모님을 잊은 채 쓸데없는 나이만 먹고 있었다.

그저 내 자식들만 소중해 자라는 모습을 가슴에다 품듯이 살았을 뿐이다. 이제는 그 세상없이 소중한 자식들도 저들만의 보금자리를 이루었으니 저들의 둥지가 더 소중해야 되는 것도 당연할 것이다.

오늘 모임에는 황혼 길이 가까운 우리 친구들이 이제만큼 모여서 지금까지 잊고 살았던 아버지 사진을 펴 들고 젊었을 때 가장 멋있었던 모습의 아버지를 자랑하는데, 누구는 작은댁을 두고 들어오지 않던 아버지를 원망하고, 또 누구는 잘해 준 아버지를 자랑했지만 원망도, 자랑도, 사랑도, 존경도 공허하기만 했다.

모두 팔십을 훌쩍 넘긴 노 딸네가 되어 이제만큼 모여 지금까지 삶의 무게가 버거워 그동안 잊고 살다시피 했지만, 아버지들은 사진 속에서 젊고 멋있는 젊은 모습들 그대로였다.

한 분은 올백 머리에 기타를 들고 폼을 재는 모습은 예술가 못지않는 미남에다 멋쟁이였다. 그러나 일찍부터 가정을 돌보지 않고 가는 곳마다 여자 문제로 엄마 속을 썩인 바람 같은 아버지를 원망했지만, 훌륭한 재능을 물려주신 것은 물론 뛰어난 외모까지도 고스란히 물려 주셨는데 이제는 원망이 아니라 감사할 수밖에 없었다.

원망도 하고 자랑도 해 보지만 더 사랑해 드리지 못한 아쉬움과 쓸쓸함은 백발이 성성한 노 딸네들의 가슴을 아려들게 했다. 그립고, 존경한다고 해도 이렇게 공허한 것은 진실로 진실로 그 해답은 무엇일까.

세월도 많이 흘렀지만 이제 시대는 많이 변했다.

아버지를 이해할 수 있는 노 딸네들은 지난번 본인들의 결혼사진을 갖고 모였을 때는 모두 인생의 변곡점이 신기하기도 하고 정점을 쳤던 자신의 미모와 청춘의 자부심이었을 증명서 같은 결혼사진을 자랑하듯 재미있게 돌려 보면서 그렇게 웃고 떠들며 즐거웠는데, 그때는 자신의 치적에 대한 자부심도 나름 대단한 것 같았다.

오늘 아버지 사진을 갖고 새삼스럽게 딸이 되어 재미있고 아름다웠던 옛 추억에 푹 빠져 아버지를 이해하는 성숙한 딸이 되었으면 오늘만큼은 정말 행복해야 할 시간이었는데도 불구하고 어쩐지 즐겁지만은 않았다.

그리움도 애달팠지만 허무함이 밀물처럼 밀려오는 것은 모두의 같은 느낌이었으리라.

우리도 갈 길이 이미 저물고 있어서일까.

순수한 남자

세상천지에 부모 자식으로 만나 가정이란 울타리 안에서 형제와 더불어 성장하다가 천생연분을 맞아, 그 모든 것을 감싸듯 껴안으면서 세상을 헤쳐 왔던 것이 삶이었고, 지극히 평범한 순리이고 과정이라고 볼 수 있을 것이다.

그 삶 속에는 친구 같은 소중한 인연도 있고 지난날 서로 도움받았던 고마운 만남은 지금까지도 아니 영원히 잊히지 않을지도 모른다.

이번에 나는 세상일이 너무도 기대에 어긋나서 내가 여기서 이토록 나하고 생각이 다른 사람들과 살아가야 하나 회의가 들 만큼 괴로웠던 적이 있었다. 같이 겪은 친구들이 너는 괜찮느냐고 위로의 전화를 줬을 때.

“더 이상 여기서 살 수 없을 것 같아 이민을 떠난다 생각하니 이 세상 어딜 가면 너희들 만한 내 친구가 있겠니? 그냥 포기하고 돌아왔다.” 했더니.

“그래그래 잘 생각했다. 이제 우리가 어디서 또 이런 소중한 친구를 만난단 말이냐! 네 말이 백 번 천 번 맞아!”

그뿐이랴. 아름다운 추억이 있고 내가 사랑하는 나의 조국 풀 한 포기도 귀하다. 하물며 소중한 인연 잊지 못할 지난날 딸 하나 생각나는구나.

고향은 남도인데 나는 그때 현직에 있으니 바쁘고 항상 어수선했는데 그 언니는 나를 도와 내 대신 집안일은 물론 우리 아이들까지도 잘 지도해 주었다. 특히 초등학생 막내딸에게는 좋은 언니로 훌륭한 교사로 여러 면으로 뒷바라지를 잘해서 잊지 못한다.

나이는 좀 지나도 학구열이 대단해 야간 고등학교에 입학해서 주경야독으로 무척 고된 소임을 감당하고 있었다.

항상 언니의 역할이 과중하다고 아이들에게 언니를 도와주라고 조언해 주는 이는 우리 남편이었다.

그의 지론은 적당한 노동시간을 위해 서로 협력하라고 아이들에게 자주 부탁하기도 했다. 무뚝뚝해서 남에게는 별로 자상하지도 않으면서 직업의식의 발로가 아닌가 싶기도 하다.

언니는 마음씨가 착하고 아이들과 친하고 결벽증이 있을 만큼 집안을 깨끗하게 해서 우리는 그를 도우려고 했지, 무슨 고용 관계라고 생각해 본 적은 없었다.

그런 언니가 방학이 되면, 나도 교직이니 방학이 되고 해서 고향으로 꼭 보내 방학 동안 쉴 수 있게 했다. 그때마다 남편은 유급 휴가라고 월급을 계속 지급하도록 했다. 반대할 이유도 없고 당연히 남편의 의견을 따랐다.

본인은 쉬는 방학 중에는 안 받겠다고 했지만 지금 생각해도 우리가 한 일 중에 제일 잘한 일이 아닐까 싶다.

언니는 방학이 끝나고 돌아올 때 노란 콩고물이 고소한 기다란 모양의 쑥 찰떡을 뚜껑이 있는 사각 대소쿠리에 가득 담고 그 유명한 나주 참배와 함께 무거운 선물을 가지고 왔다.

우리 식구는 물론 그때 복도식 아파트 열네 집에 쑥 찰떡 한 줄씩만 돌려도 서너 줄은 남았다. 그 맛이 얼마나 좋았으면 열네 집 식구들은 그날 저녁은 물론 맛도 좋고 그 언니의 정성을 함께 나누는데 충분하고도 넘쳤다.

그리고 나주 참배 맛은 거짓말 하나도 보태지 않고 꿀맛이었다. 이 맛있는 동네 축제는 휴가 갔다 올 때마다 행복하게 이어졌다.

어느덧 3년이라는 세월은 꿈같이 지나가고 언니는 고등학교를 졸업하게 되었다.

남편은 실력 있고 성실한 김양(졸업과 동시에 숙녀라고 호칭을 당장 바꿈)을 취직시켰다. 유능한 실력과 자질을 발휘토록 해야 한다고 매우 적극적으로 서둘렀다.

소문에 아주 훌륭한 직장인으로 잘하고 있다는 소식도 있었다. 이따금 집에도 놀러 와서 아이들과 유대는 돈독했다. 몇 년 후에 결혼하게 될 것 같다고 했는데 다시는 연락이 없었다.

그 후에도 지금까지 벌써 세월이 몇십 년은 흘렀는데 소식이 없다.

우리는 아직도 그 딸이 보고 싶어서 떠올려 보는데 부디 인생길에 별다른 일이 없기를 바란다. 세상살이에는 우리가 상상치 못한 어려움도 때로는 부딪칠 수도 있지만, 우리와의 인연이 혹 부끄러운 과거가 되어 아니 숨기고 싶은 일이 될 수도 있지 않을까. 조심스러운 생각이 들었다.

남편은 김양이 왜 그런 생각을 하겠느냐고 함부로 결론은 금물이라고 했다.

원체 순수한 사람은 남을 의심할 줄도 모르는 것 같다.

3

최고의 선물

짝사랑

산책하는 길목에는 온갖 풀꽃들이 곱게 피어 저마다 예쁘게도 반겨준다. 올여름같이 살인적인 더위를 잘도 참아 준 것만 해도 여간 고맙고 기특한데 모두 하나같이 잊지 않고 다시 새로운 계절을 알려 주는 것은 신기하기까지 하다.

그중에도 샛노란 애기똥풀꽃은 내가 아주 어린 시절부터 지천으로 피던 오래된 토종 꽃이다. 그래 그런지 요새 관심을 갖고 봤더니 아는 체를 하는 것 같기도 해서 눈을 맞추기도 한다. 정말 나와는 오래된 인연이라고도 할 수 있다. 그런데 미안한 것이 지금까지 나는 한 번도 그 꽃을 예쁘다고 생각한 적도 없었지만, 자세히 본 일도 없었다.

너무 흔해서 그랬을까. 저토록 노란색이 선명하고 모양도 단순하면서 정겹고 순수한 꽃인데, 왜 그 아름다움을 진작 알아주지 못했을까.

어쩌면 애기똥풀꽃은 가장 겸손한 꽃이었는지도 모른다. 사람도 겸손하면 잘 나서지 않아 그 가치를 늦게서야 알게 되는 것처럼.

이번 방학에는 꽃보다 더 예쁜 손자들이 멀리서 왔다. 우리가 늘 가서 만나다가 몇 해째 나이 들고부터 건강 핑계로 못 갔더니 그 사이 몰라보게 많이 자라 뚜렷해진 모습은 너무도 우리를 놀라게 했고 기쁘게도 했다.

행동 하나하나가 침착하고 이야기하는 것도 정연하고 의젓했다. 무엇을 먹을 때는 더 예쁘고 심지어 잠든 모습은 천사가 따로 없었다. 더위도 잊은 채 마냥 반갑고 좋아서 같이 다니면서 쇼핑도 하고 구경도 하고 맛있는 것 원하는 대로 사 먹게 하는데 저들 나름 사양도 할 줄 아는 행동은 정말 꽃보다 더 아름다웠다. 이제는 다 자랐다고 말썽도 안 부리고 되려 늙은 우리를 돌봐 준다고 신경을 쓰는 게 어쩌면 그렇게도 감동스러운지 우린 너무 행복했다.

아이들이 자라는 것은 잠깐인 것 같다. 그러니 우리는 그동안 얼마나 늙었을까.

며칠을 따라 다녀도 피곤한 줄도 모르고 즐겁기만 했다. 밤에는 잠도 안 자고 늦도록 핸드폰도 봐야 하지만 더 중요한 것은 잊어버린 우리말을 익혀야 했고 한글 공부도 확실히 한다면서 써보고 베끼고 노력하는 모습은 참으로 귀엽고 대견했다.

아침에는 못 일어나고 퍼질러 자도 밉기는커녕 잠든 모습은 더 귀여워 깨울 수가 없었다. 저희들이 좋아하는 추억의 음식을 해주고 사실 무엇을 해줘도 아깝지도 피곤하지도 않았고 그저 기분이 좋아 행복할 뿐이었다. 이런 걸 두고 사람들은 간도 쓸개도 다 빼준다는 말을 하는 것 같다. 얼마나 행복하면 그토록 무서운 표현까지도 거침없이 했을까. 다 이해가 간다.

나는 나의 여섯 명의 손자들로부터 얻은 행복을 생각하면 다 맞는 말이고 틀림이 없다. 손자들이 아니면 언제 이런 행복을 구경이나 한단 말인가. 세상에 손자 없는 사람이 제일 불쌍하다고 하면 너무 지나칠까.

나는 손자들을 나의 행복 제조기라고 했다. 비록 우리를 할아버지 할머니로 승격시킨 것뿐이지만.

사람이 꽃보다 아름답다는 노랫말처럼 정말 꽃보다 아름다운 것은 손자들이라고 생각한다.

그 사이 며칠 된 것 같지 않은데 벌써 돌아가야만 했다. 사랑하는 시간은 더 빨리 지나가는 것 같다. 만남은 헤어져야 하는 회자정리의 법칙은 가혹하리만큼 정확했다.

하룻밤만 자면 떠나야 하는데 아이들은 늦게까지도 잠을 못 이룬다. 지난날 우리가 떠나올 때 전야제는 할머니 가지 말라고 몇 시간씩 손녀는 울었다. 손자는 할머니 옷 하나 벗어놓고 가라고 해서 옷 벗어놓고 같이 울었던 잊지 못할 애절했던 이별이 얼마였던가.

자는 둥, 마는 둥 새벽 5시부터 서둘렀다. 공항으로 가는 길은 멀기도 하지만 길이 막힐까 봐 더 서둘렀다. 헤어져야 하는 서운함과 아쉬움에 기분은 말할 수 없이 가라앉았다.

우리말, 우리글, 우리 음식을 끝까지 다만 얼마라도 더 체험시켜 주고 싶어 노력은 했지만, 과연 얼마나 효과가 있었을까. 그들도 우리의 이런 심정을 이해는 하는 것 같아 다행이었다.

지난날 우리가 떠나올 때 장면에서 주인공들의 역할만 바뀌었을 뿐 그때 저희들이 울며 매달렸는데 오늘은 울면서 떠나야 하는구나.

안겨서 건강 하라는 부탁을 남기고 눈물 훔치며 출국장으로 들어가는 뒷모습은 너무도 금방 사라졌다.

공항의 이별이 허무한 것은 진작 알고는 있었지만, 인파에 쓸리듯 눈 깜짝하는 순간 헤어졌다. 떠나가는 기차를 따라가면서 보이지 않을 때까지 손수건이라도 흔들 수 있는 배려하나 없는 매정한 이별이었다.

살아 있는 동안 과연 몇 번이나 이 아름답고 사랑스러운 아이들을 더 만날 수 있을까.

사랑한다는 것은 아픔이었다. 그 사랑이 크면 클수록 아픔은 더할 수밖에 없었다.

우리는 멍하니 손자들 흔적이 사라진 여운만을 넋 잃고 바라보고 있었지만, 다시 볼 수 있는 앙코르 쇼는 끝내 없었다. 그래 건강하게 잘 살아야 아름다운 사랑도 할 수 있는 것이다.

집에 돌아오니 피곤이 엄습했다. 젊은 날에 연애다운 연애 한 번 못 해 봤더니 이제 와서 뒤늦게 이토록 진지한 연애보다 더한 사랑을 경험해 보는구나.

자고로 손자는 오면 반갑고 가면 더 반갑다는데 우리는 아직 그 경지에는 이르지 못했는지 떠난 자리가 이토록 애절할 수가 없었다.

정신을 차린 나는 카톡을 날렸다.

'사랑하는 왕자님 공주님 비행기는 잘 탔나요?
잠 그만 자고 기내식 먹고 자도록
지금쯤 태평양 상공을 날고 있겠지?'

몇 번을 날려도 한마디 응답이 없다. 아마도 기내 장치상 카톡을 못 받아 보는 것 같다.

하루가 이토록 지루하기도 처음이었다.

'어머니 아이들이 무사히 도착했어요. 시차로 자고 있어요.'

며느리가 보낸 카톡이다.

무사히 도착했다니 마음은 놓였다. 쓸모없는 노파심으로 속을 끓였지만, 우리도 이제는 평온을 찾았다.

다시 산책길에는 샛노란 애기똥풀꽃이 여전히 한들한들 반겨준다. 영원한 나의 사랑 행복 제조기들은 시차 적응 중인지 지금껏 소식이 없다.

우리는 짝사랑하고 있나 봐. 사랑은 주는 것이라고 하지 않든가. 그렇다, 사랑할 수 있는 대상이 있다는 것은 얼마나 행복인가.

오늘 산책길도 노란 애기똥풀꽃이 반가이 맞아 주겠지.

한 송이 꽃을 피우기 위해

한 송이 꽃을 피우기 위해 천둥은 그동안 얼마나 울었을까.

아무리 칠흑 같은 밤도 새벽으로 지새기 마련이거늘 꽃 한 송이도 지켜보고 기다려야 하는데 하물며 꽃보다 더 아름다운 우리의 아이들에게 참고 기다리는 아량을 베풀어야 하는 것은 당연할 것이다.

마음껏 달리고 뒹굴고 소리 질러 목이 터져라, 외칠 수 있게 그냥 지켜보자. 기다려 주자. 세월이 가면 아이들은 어른이 될 것이다. 그렇다고 모든 어른들이 다 훌륭할 수 있는 것은 아니지만.

손자들이 어렸을 때는 더러 네 명을 모아 데리고 다니면

서 바람을 쐬어 주기도 했다. 물론 좋아했고 재미있어 했다. 서점에 가서 풀어 놓고 마음껏 책을 읽고 고르게 하고, 음식점에 가서 먹고 싶은 것을 실컷 먹게 하고, 이층버스도 타고 서울 시내 관광은 다들 시간 가는 줄 모르고 정신이 팔린 적도 있었다.

세월은 가기 마련이다. 학년이 올라갈수록 아이들은 바빠지고 모든 것은 시간 속으로 퇴색되어 가고 있었다. 학원을 가야 하고 저들의 새로운 세계가 생기고 교육 제도에 편승하는 적응도 필요해서 아이들은 여유 시간을 갖지 못하고 있었다. 어쩌면 여유를 빼앗긴 건지 점점 삭막해져 갔다.

이따금 들리는 소식은 아이들도 부모도 모두 힘든 시간인 것 같았다. 이맘때쯤이면 겪는 소년들의 반항기인 듯한데, 좌충우돌 알 수 없는 이유로 부모들은 더 괴로운 것 같다. 사춘기도 성장 과정이 아닌가. 어느 것 하나 소홀할 수도, 피할 수도 없는 귀중한 체험이니 지켜볼 수밖에는 더 이상 좋은 방법은 없는 것 같다. 고등학생이 된 손자는 얼굴 한 번 보기도 어려웠다.

꽃보다 더 아름다운 손자들이다.

하루는 할머니와 단둘이서만 일대일 만남의 시간을 갖고 싶다는 중2 손자가 뜬금없이 제의해 왔다. 전들 왜 추억이 그립지 않겠나. 어린 시절로 돌아가서 마음껏 놀고 싶기도 하겠지. 그나마도 답답했던 탈출구로 할머니 생각을 해 주었다는 사실이 고마웠다. 아직 저희들에게 필요와 그리움으로 남아 있었다는 것이 무엇보다도 반가웠다. 어제가 옛날이라는데 지나간 그 시간이 얼마나 그리웠으면 그런 기특한 생각을 했을까. 그러나 아직은 모른다.

저의 고민이 무엇인지. 저를 이해 못하는 주변을 원망한다던가 자신의 괴로움을 눈물로 호소하면서 집을 뛰쳐나오겠다거나 학교를 그만둔다거나 이보다 더한 극한의 방향으로 내달리는 상황이 있을지도 모른다. 나는 여기서 정말 인생의 선배로서 지혜와 사랑으로 기지를 펴야 할 중요한 해결사로서 역할을 감당해야 할 중책의 기로에 서게 된 것을 감지했다.

만약 어떤 경우가 될지도 모르니 적당한 영화를 봐야 할지, 아니면 더 좋은 방법을 모색해야 할지. 고민이 되지 않을 수가 없었다.

그러나 손자의 생각은 너무도 아름다웠다. 순진하고 참신했다. 살면서 중요한 것이 무엇인가. 자신의 꿈과 희망을 밝히면서 오히려 이 할머니를 감동케 하였다.

딱 혼자서 독차지할 수 있다는 것은 욕심이기보다 저 자신이 옛날처럼 응석이라도 부리고 싶었을까. 혼자만을 상대할 수 있는 것은 나 역시도 관심을 집중할 수도 있고, 시선의 범주 안에서 저만 바라볼 수 있다. 우리는 서로의 의견을 마냥 경청할 수 있는 다정한 기회가 되었다.

눈빛만으로도 통할 수 있고, 저만 바라보고, 또 서로의 허리를 팔로 감고 꼭 붙어서 어쩌면 그것은 독차지한 상황이지만 마음껏 받아들일 수 있는 여유와 사랑이었을 것이다. 여기서는 반항할 이유도, 필요도, 물론 없고 고집이나 떼를 쓸 객기도 없고 그저 따뜻한 봄날처럼 춥지도, 덥지도 않은 체온이 좋아 행복할 수 있는 가장 따스한 사랑의 시간만이 흐르고 있었다.

누가 중2를 무서운 존재로만 취급했던가.

심지어 북의 김정은이가 대한민국 중2 무서워 못 쳐내려온다고 무섭게 매도했을까. 알고 보면 중학교 2학년은 인생에서 가장 아름다운 소년기로 한창 재미있는 재치와 호기심 왕성한 활동의 절정기요, 풍부한 감성의 소유자로 마음껏 미래를 꿈꿀 수 있는 귀중한 인생의 관문이기도 하다.

이 티 없이 맑은 소년 어떤 꽃이 이보다 더 향기로울까. 무엇이 이 아름다운 소년보다 더 아름답단 말인가. 누가 이 아름다운 소년을 시대적 반항아로 내몰고 있는지 혹 잘못

관찰했거나 사회적 무관심은 없었는지. 교육제도에 문제는 없었는지. 우리는 반성하고 살펴봐야 할 것이다. 여기서 더 사랑으로 이해하고 돌봐주면 이것이 바로 기다려 주는 최선의 방법이 아닐까.

나 역시도 세상 모든 어른들처럼 그 시대를 주어진 대로 통과한 평범한 경험자이지만 지금과 비교한다는 것은 시대착오임이 분명하다. 가장 어리석은 어른의 판단이다. 첨단 과학 기능의 정보사회에서 과도한 학습량 무서운 경쟁력 단군 이래 절정의 풍요 속에서 아이들에게 필요함이나 부족함이 무엇일까. 넘치는 풍요가 오히려 잘못된 멍석이 되었을지도 모른다.

지랄도 멍석을 깔아 놓아야 한다는데 우리 때는 진정한 멍석이 있기는 했나?

산이고 들 어디나 피는 꽃은 다 아름답다. 꽃보다 더 향기롭고 아름다운 우리들의 아이들, 그들을 어쩌면 시대착오나 사회의 몰이해로 얼토당토않은 평가를 하는 것은 정말 억울하다.

일대일의 만남은 여유도 있었지만 다정하고 순진한 진실이 있었고 참으로 아름다운 사랑을 녹여낼 수 있었다.

우리의 미래인 우리 아이들에게 너무 많은 것을 요구해서도 안 될 것이다. 그것은 비바람 눈보라보다도 더 무서운 채찍이 될 수도 있다.

과연 이 시대에 맞는 여건의 명석은 어떤 것이 더 좋을지 고민해야 할 것 같다.

어느 결에 가을은 깊어만 가고

아들이 왔다가 돌아간다고 하는데 나는 공항까지 가지 않고 집에서 그냥 헤어지겠다고 했더니, 남편은 몹시 섭섭해하면서 지금까지도 잘해 줬는데 유종의 미를 보여 주자고 했다. 참 생각하는 것이 이렇게 다르다 보니 가족 간에도 답답할 때가 있다.

아들이 떠나는 것이 보기 싫어서가 아니라 공항의 이별이 너무도 허무하고 매정해서 그 칼같이 끊어 버리는 헤어짐이 얼마나 가혹하던지 알고는 두 번 다시 되풀이할 것이 못 되어 차라리 집에서 헤어지겠다고 한 것뿐인데 그게 그렇게 잘못되었단 말인가.

아들은 물론 다시 또 오겠지만 내일을 예측 못 하는 것은 우리가 그때까지 건강할 수 있다는 보장도 없지만 살아 있을 거라는 확신도 없는데 끝까지 기분 좋게 보내주도록 하자는 것이다. 얼핏 들으면 꼭 계모한테나 해주는 충고 같았다.

내가 저를 낳았는데 저를 낳은 어미한테 이토록 어미 마음도 헤아려 주지 못하면서 무슨 건강이니 죽음까지도 들먹이면서 나약하다 못해 자신 없는 늙은이가 된 아버지가 오히려 더 가엾기만 했다.

번번이 공항까지 가서 이별할 때마다 얼마나 허무하고 기막히게 쓸쓸했던 그 경험을 남편도 잊은 것은 아닐 텐데.

30년 전 돌이켜 보면 아들이 군 입대할 때 논산 훈련소에다 떼놓고 돌아서면서 그칠 줄 모르고 우는 나에게 용기 있는 말은 다 동원해서 잘도 달랬지만, 사실 그때 그 눈물은 이별보다도 언제 우리 아들이 벌써 자라서 나라를 지키는 국군이 된 것이 대견해서 흘린 감동의 눈물일 수도 있었는데….

이제만큼 늙은 아버지는 아들과의 이별이 아쉬워 저렇게 괴로워하는 것이 얼굴에 역력한 걸 보면 누가 모정(母情)이 부정(父情)보다 더 위대하다고 했는지 어림도 없었다.

그동안 만리타국에서 청춘을 불태우다시피 그 사회에 적

응하느라 어려움이 어디 상상이나 할 수 있었겠냐마는 항상 잘 지낸다 하니 믿고 있었던 것밖에는 없었다. 그저 해외동포 자격이었지만 그러나 생각보다 아버지는 항상 염려와 관심으로 진로와 건강도 살피는 것은 다 당신의 몫이었다.

또 아이들 교육에도 많은 관심과 애착을 갖고 수시로 알아보면서 칭찬하는 시아버지 노릇도 생각보다 잘했다.

계절이 바뀌듯 우리도 모르는 사이에 능력 있던 아버지도 정신적으로 많이 약해진 것도 사실이고 아들 역시 중년에 올라섰으며 손자들이 이제는 다 자라 성인이 되었다.

파노라마 화면이 넘겨지고 바뀌듯 끊임없는 인생행로에는 감동, 이별, 환희, 좌절 등 희로애락으로 어쩌면 이토록 잘 구성이 되었는지, 인간이 드라마를 꾸몄는지, 드라마처럼 돌아가는 것이 인생인지는 알 수 없었다.

그 허무한 공항의 이별을 무사히 마치고 별말 없이 돌아오는 길은 어느 결에 깊어진 가을이 눈물처럼 쓸쓸히 낙엽만 날리고 있었다.

오래된 것과의 비교

요즘은 좀 오래되었다 하면 가차 없이 바꾸거나 버리거나 혹은 고치거나 해서 그냥 두질 않는다. 물론 발전이나 개선의 좋은 취지도 있지만 이런 현상들은 더러 아쉬운 면도 없는 것은 아니다.

옛것이라고 다 버리고 없애기만 한다면 이 또한 온당한 미래를 바랄 수 있을까. 죽은 여자보다 더 불쌍한 것은 잊힌 여자라고도 하거늘. 쉽게 잊는 것만이 능사는 아닌 것 같다.

이번에 손자 초등학교 졸업식에 초대를 받게 되어 참으로 오랜만에 학교에 갔는데, 요즘 교육 현장에 변화가 놀라웠다. 식이 시작되고 졸업장을 한 명씩 수여할 때마다 커다란 영상화면으로 졸업생 본인의 프로필이 뜨고 장래 희망과 하고 싶은 말이 하나하나 전개되었다. 매우 재미있고 흥미로웠다. 졸업생들은 자신감도 있었고 나름 연기력도 수준급이었다. 특히 요즘 아이들이 생각하는 내면의 세계를 알 수 있는 좋은 기회였다.

참으로 옛날 나의 졸업식과 비교한다면 많이 낯선 일들이었다. 지금은 과학 만능 컴퓨터 시대임을 실감하면서 또 격세지감을 감출 수가 없었다.

그때 졸업식장은 유치했는지는 몰라도 식장은 매우 화려했다. 색종이 고리가 드리워졌고 아름다운 그림이 그려진 축하 아치에 쓰인 다짐 같은 글이 지금도 어제 일처럼 선명하다.

'대한은 나의 조국 중앙은 나의 모교'

간단한 글귀가 얼마나 마음에 감동이 되었으면 지금까지도 아니 내 생을 다할 때까지 나라 사랑 나라 걱정이 숙명처럼 저렸을까. 어린 가슴에 조국과 모교가 애국과 애교로 가슴에 새겨진 것은 당연했을 것이다

지금처럼 훌륭한 화면도 없었고 과학적이지도 못했다. 그러나 오늘 졸업식장에는 간단한 글귀 한마디 찾아볼 수 없는 참으로 다른 모습이었다.

오늘의 주인공 나의 손자도 친구들과 같이 주역답게 건강하고 또 믿음직했다. 얼굴에는 즐거움이 가득했고, 축하 온 모든 가족들도 꽃다발을 준비하고, 아들의 행동을 한 장면도 놓치지 않고 사진 찍기에 매우 적극적이었다.

식장은 다소 소란하고 질서는 부족해도 매우 자유분방 생기발랄한 모습은 자유 속에 질서가 있는 선진국과 별 차이가 없었다. 식순도 간단했고 다른 생각할 여지없이 순조롭게 잘 끝난 것 같았다.

그 옛날 졸업식은 엄숙한 가운데서도 눈물샘을 자극하는 후배들의 애절한 고별사가 있었고 이어서 졸업생 대표의 답사는 한마디로 눈물의 잔치였다.

마지막 졸업식 노래 2절에서 '잘 있거라. 아우들아 정든 교실아 선생님 저희들은 물러갑니다.'

아 이토록 간절했던가, 얼마나 애절했던 그날이었나, 그토록 순수했던 시절은 내 인생에서는 처음이자 끝이 아니었을까.

목이 메어 노래가 아니고 그야말로 눈물범벅에다 눈물바다에 푹 빠져 졸업식 노래는 끝까지 다 불렀는지 기억이 나지 않는다. 식장 안 전체가 울음바다가 되고 부형들도 울고, 선생님도 울고 아마도 그때가 더 정겨웠던 것 같다.

첫 기억들

나는 어렸을 때 잘 우는 울보였다. 얼마나 잘 울었으면 평강 공주라고 칭호를 받을 정도였는데, 세월도 많이 흘렀지만 살면서 눈물이 마른 것은 말할 것도 없고 이제는 감정도 따라 마른 것 같다.

한번 울기 시작했다 하면 그칠 줄 모르는 고집쟁이 울보였다고 어머니가 회상하실 때마다 나는 그게 그렇게도 듣기 싫었다. 내가 우는 데는 이유가 있었기에 울었을 텐데 언제나 흉보듯 하면서 놀려주는 엄마가 원망스러웠다.

우는 원인은 주로 마음에 흡족하지 않거나 무안을 당하면 울기 시작한 것 같은데, 내가 느끼는 무안은 다른 이와 달라서 엄마도 가늠을 잘못했다고 했다. 예를 들면 곱슬머리인 내 머리카락을 보고 '너는 만년 파마를 해서 미장원 다 굶어 죽겠다.' 이 정도를 무안하게 생각하고 울었다는 것이다.

내 기억에도 한번 시작한 울음을 쉽게 그친다는 것은 상당히 어려웠다. 빨리 끝내고 아무렇지도 않은 것처럼 하고 싶어도 그 이중적 행위가 오히려 나를 불편하게 했고, 내 마음이 허락하지 않았다.

어쨌든 우는 애를 달랜다는 것이 야단을 치거나, 또는 뚝! 뚝! 하면서 명령조로 윽박지르면 나는 더 참을 수가 없게 되고 그때는 진짜 봇물 터지듯 울음보를 도저히 감당이 안 되어 어찌할 수가 없었다.

이렇게 터진 울음을 빨리 끝낸다는 것은 나에게는 용납이 되지 않을 뿐만 아니라 뭔가 모르는 답답증 같은 것으로 괴로웠다.

어떤 때는 그만 울고 싶어도 사실 쑥스러워서 끝내지 못했던 적도 몇 번 있었다. 내 마음도 내 맘대로 되는 것은 아니었다. 이런 나를 엄마는 고집이 세서 그렇다는 둥, 청관해서 그렇다는 둥 그 청관이란 뜻은 아직도 잘 모르지만.

나는 울다가 울음을 금방 끝이고 멀쩡할 수 있다는 것은 어쩌면 내 속에 있는 나도 모르는 자존심 같은 것이 도저히 용납되지 않아서가 아닌가 싶다.

울다가 지쳐서 잠이 들거나 아무도 보는 이가 없으면 스스로 그쳤다.

그때 어린 것이 왜 그렇게 고집이 셌는지는 나도 모르겠다. 이런 울보를 아무도 못 말리는데 우리 아버지만 가능했다. 아버지는 우는 나에게 불만의 이유를 진지하게 묻고, 들어주었다.

'그래? 그랬어! 아이고 그랬구나!' 조곤조곤 동조를 해주고, 내 편이 되어 주고, 세수도 시켜주고 또 다양한 화제로 관심을 돌려 '언제 울었나.' 할 정도로 상황을 금세 바뀌게 했다. 아버지의 방법은 간단했다. 자존심을 세워 준 것뿐이다.

자존심! 개도 안 물어 갈 그 코딱지만도 못한 자존심이었던 것이다.

그렇다 보니 절제 있는 엄마의 육아법이 원망스러웠다. 우는 아이에게 젖부터 주는 것 이전에 아무리 어려도 자존심이란 것도 있는데… 또 언니와 비교가 되어서 더욱 심한 평가 절하가 되기도 했다.

언니는 영리해서 대답도 잘하고 아무리 울어도 뚝! 하면 눈물을 닦고 말을 잘 들어 엄마는 언니를 참배 맛 같다고 했다. 나는 고집이 세고 잘 운다고 진피쟁이라고 했다.

자연히 참배 맛과 진피쟁이는 항상 비교가 될 수밖에 없었다. 참배 맛 언니는 나와 달라도 너무 달랐다. 알고 보면 언니는 친탁을 했고 나는 외탁으로 극명히 다른 것도 재미있었다.

아버지가 퇴근해 오시면 언니는 나보다 몇 배 빠른 속도로 뛰어나가서 아버지께 인사는 물론이고 매달리고 가방을 받아들고 안기고 호들갑을 떨면서 애교를 부렸다. 나 역시 뒤따라 나섰지만 언니의 동작을 따를 수도 없었고, 그 참배 맛 애교를 부릴 줄 모른다기보다 왠지 똑같이 하고 싶지도 않았다.

유일한 내 편인 아빠를 빼앗긴 것 같기도 하고 차라리 울어 버릴까 했지만, 언니의 그 리얼한 연기를 오히려 구경만 했지 도저히 따라 할 수도 없고 뒤에서 머쓱하기도 하고 이제 와서 울기도 그렇고 궁여지책으로 생각한 것은 대문 밖으로 나갈 수밖에 없었다.

그때 아버지는 나를 보고 “너는 어디 가니?” 하고 물었다. 나는 너무 부끄러워 터질 듯한 울음보를 겨우 참으며 뚱딴지같이 얼버무린 나의 대꾸는 “저기 거렁에(냇가에)”

나도 아버지가 오시면 반갑게 매달리고 싶은데 항상 언니가 먼저 선수를 쳤고 또 잘하고 나는 도저히 언니의 그 기막힌 아빠 사랑을 따라 낼 수도 흉내도 어려웠다.

나중에 커서 학교 갈 때부터는 참배 맛과 진피쟁이 차이는 저절로 없어졌다고 했다. 울보 이야기도 우리집 전설로만 남았다. 그러나 이것도 나의 첫 기억인지는 아리송하다. 더 어렸는지는 모르는데 그때도 역시 울보였다.

엄마가 달래도 안 되니 아빠가 나를 안고 밖으로 나가 방축을 쌓은 큰 돌 사이를 가리켰다. 자꾸 울면 무서운 것이 나온다며 내게 보여 준 것은 아주 아름다운 색깔의 큰 구렁이(꽃뱀)였다. 몸체가 돌 틈 사이에서 천천히 움직이는데 그 색깔이 얼마나 선명하고 아름다운지 무지개보다도 더 고왔다.

나는 언제 울기나 했나 할 정도로 그 신비한 색깔에 완전히 빠져서 무서운 것인지도 모르고 그 아름다운 등을 만져보고 싶다고 했던 것이 첫 기억인지는 몰라도 지금까지 그렇게 신비한 색의 조화는 잊을 수가 없다.

3대 딸 바보들

그냥 지나치고 말 뻔했다. 나도 아버지로부터 받은 사랑은 요즘 딸들에게도 안 밑질 것 같은데. 그 시대에는 딸 바보란 말은 물론 없었고, 딸은 별로 주목받는 시대가 못 되었다.

요즘 와서 딸 바보란 새로운 용어가 생길 만큼 딸의 위상도 가치도 급상승한 것은 어쩌면 시대적 소명이기도 한 것 같다.

그도 그럴 수밖에 없는 것이 집집마다 고명딸이거나 자식을 적게 낳는 시대에 딸의 값이 상승한 것은 좋은 현상이기는 한데 딸들은 그 기류를 타고 해도 해도 너무한 것 같다.

말을 잘 듣는 것도 아니고 순종은 어디로 갔는지 하나같이 제가 제일 잘났고 공주들이다.

옛날이라고 해 봐야 1950년 전후 정도인데 그때 딸들은 말도 잘 들었지만, 당시 우리 아버지들은 다 하늘 같은 아버지가 아니었던가. 그 시절 무시무시한 가부장제도가 얼마나 추상같았는데 아들과 딸은 천지 차이를 보이던 절대적 남아선호 사상 속에서 딸은 거의 차별의 희생감에 불과했다. 공부도 언제나 아들이 우선이었고.

그 와중에 딸 다섯을 둔 우리 아버지는 열린 사고방식으로 딸 아들을 구별 없이 공부를 시켰을 때 우리 할머니께서는 불만이 많았다. '쓸데없는 딸들을 공부시키느라고 애비 등골 다 빠진다.'고 하셨다.

요즘과는 비교할 수도 없는 가부장이니, 남아선호 사상 같은 것은 완전히 없어졌는지는 몰라도 지금은 별천지가 온 것은 틀림이 없다.

한번은 우연히 옷가게에서 중학생의 딸하고 부모가 딸의 옷을 고르는데 부모와 차이나는 유행 감각 때문인 듯 딸은 연신 불만과 화를 표출했고, 삐치고 고집을 부리는 것 같은데 아빠는 따라다니면서 달래고 권하고 양보하면서 딸의 비유를 맞추려고 애를 태우는 모습이, 내가 보기에도 너무 한 것 같았다. 저것이 요즘 말하는 딸 바보로구나.

나 같으면 옷을 안 사고 마는 한이 있어도 야단을 치거나 한번은 따끔하게 꾸짖을 만도 한데.

딸은 계속 갑이고 아빠는 완전 을이 되어 쩔쩔매는데 그 광경은 해괴망측했다. 달래고 권해도 딸의 막무가내식 횡포에 잘도 참는 딸 바보를 보고 있으려니 한심하고 기가 막혔다.

저렇게 키우면 앞으로 어떻게 자랄까. 저렇게 자란 딸이 만든 미래의 가정이며 사회는 또 어떻게 될까. 남의 딸이 곧 내 가족이 될 수도 있고 내 이웃이 될 수도 있는데 앞으로의 시대가 걱정되지 않을 수가 없었다.

나 역시도 딸이었고, 나도 딸을 키웠고, 또 손녀도 예쁘게 자라고 있다.

우리 손녀는 내가 봐도 제 아빠의 사랑을 독점하고 세상 없는 딸이지만 말도 잘 듣고 특히 예절 바른 태도가 귀여워 정말 자랑이라도 하고 싶을 정도이다. 그래서 제 아빠를 딸 바보로 만든 것은 당연하지만 할아버지까지도 손녀 바보로 만들었다.

그뿐인가 손녀의 어미인 내 딸도 사실은 둘째가라면 서러울 만큼 아빠를 바보로 만든 것은 이미 오랜 역사를 갖고 있다. 때로는 지나칠 정도가 되면 내가 할 수 있는 것은 겨우 계모 역할밖에 없었다.

그렇다면 나도 아버지의 딸이었는데 지금 생각해도 내 딸한테도 밑지지 않지만, 손녀와도 겨뤄 볼 만하지 않을까.

일제 강점기, 해방, 6·25 등 격랑기는 내가 직접 겪은 가난과 혼란기라고 할 수 있는데, 그 가운데서도 아버지는 우리 1남 5녀를 혼자 벌어서 공부를 다 시키자니 우리는 엄마의 규모로 살았다. 요즘처럼 아버지와 쇼핑은 꿈도 못 꾸고 오직 재무부장인 엄마한테 조금씩 타서 겨우 학비를 공급받았다. 아버지와 일 년에 단 한 번 설 쇠러 고향 갈 때 기차 안에서 사 주시던 요깡, 꿀에 절인 밤 그 맛은 지금도 못 잊는다.

자라면서 언니는 시집갔고 내가 교사로 첫 부임 할 때 엄마가 수박색 뉴똥 치마에 흰 저고리를 직접 지은 것을 입고 출근했다. 아버지는 자신의 단골 양복점에 나를 데리고 가서 주인과 상의해 가며 여성 옷을 직접 디자인해서 양장 비슷한 옷을 입게 했다. 그때만 해도 서울에서나 양장점이 있었을 뿐이었으니.

첫 월급 8천 원으로 엄마 옷을 해 드렸고 그다음 달부터는 아버지가 2천 원을 보태서 만 원씩 저금을 해 주셨다. 아마 그때 딸이 기특해서 해준 저축이 아버지를 가장 기쁘게 해 드리지 않았나 싶다.

부임하고 처음 여름방학을 맞아 휴가 동안 교편물 제작이 과제였다. 그때 아버지는 나보다 더 고심하시다가 상록수를 채집해서 압축으로 말려 괘도를 만들었다. 보통 괘도 같으면 모조지 20장도 부피가 별로이지만 압축되어도 나뭇가지는 마분지 정도의 바탕이 되어야 하니 부피뿐만 아니라 무겁기까지 한 괘도가 되었다.

나는 창피해서 울면서 안 가지고 간다고 떼를 썼는데 얼마나 철없는 행동이었던가.

교장 선생님이 보시고 전 직원 과제 중 제일 우수작이라고 칭찬받았던 일은 잊을 수가 없다. 시대를 감안한다 해도 우리 아버지 딸 사랑도 보통은 아니셨다.

요즘 딸들이 옷 사러 와서 투정하는 것도 다 그럴만한 이유가 있을 것이다. 그때 나는 이미 사회인이 되었는데도 철없이 한 행동은 까맣게 잊고 요즘 아이들을 이해하지 못하다니 내로남불이 따로 없었다.

그 후에도 나는 결혼식 전날 웨딩마치에 발을 맞추기 위해 종일 아버지를 호들겼던 기억하며, 아버지가 외국어 하나는 확실히 알아 두라고 자기가 잘하는 일어를 완성시켜 주겠다고 했을 때 시간 없다고 짜증만 냈던 일은 두고두고 후회가 된다. 생각하면 이것뿐이었겠는가.

얼마 후에 진짜 딸 바보인 아버지는 고혈압으로 인한 뇌졸중이 와서 다시는 그 사랑을 받을 길이 없어졌다. 딸 바보 아버지는 고혈압약이 개발되기 직전에 돌아가셨다. 그 약이 조금만 더 일찍 개발되었어도 나는 나의 절대적인 내 편을 그렇게 빨리 잃어버리지는 않았을 것이다.

딸이나 아들이나 똑같다고는 하지만 50이 가까워 오는 딸을 아직도 지나치게 애지중지만 하는 2대 딸 바보를 옆에서 보고 있으면 그 딸도 부럽고 손녀도 마냥 부럽다.

마음껏 어리광을 부려라. 갑질을 해도 좋다. 3대 딸 바보들은 다 누구 때문에 그토록 행복했던가. 맘껏 더 많이 군림해봐도 좋을 것이다.

오늘은 초대 딸 바보가 몹시도 그립고 보고 싶다.

하늘나라에서도 그때 딸 바보 시절만큼 행복하신가요? 아버지!

막다른 그 골목

더위가 몹시도 기승을 부리는 날 남편은 운전면허증을 갱신하고 왔다. 나는 이미 운전을 접었지만, 건강도 별로인 노인이 운전하는 것도 쉬운 일은 아닐 텐데 계속하겠다는 의지를 보면 그래도 가장(家長)이라는 책임감도 있었지만 남자라는 자긍심이 작용하지 않았을까 싶다.

우리에게 자동차는 삶에서 그저 필수적인 생활 도구이므로 아직은 없앨 수는 없다.

운전면허는 10년에 한 번씩 갱신했는데 나이를 먹는 동안 언제부터인가 5년으로 줄어들더니 이번에는 3년짜리로 받아 왔다. 3년이라니 은근히 충격이 아닐 수 없었다.

사실 3년도 고마울 일이기는 하다 늙으면 순발력 떨어진다고 운전 그만하라고 면허증을 회수한다 해도 할 수 없는 일이 아닌가. 자기 친구들 중에는 벌써부터 운전대를 놓았다고 하는 이도 있는 걸 보면 이만만 해도 대견하다고 해야 할 것 같다. 말인즉슨 갱신까지 해가면서 차를 몰아야 하는 것도 걱정이 안 되는 것은 아니다.

요즘 빈번한 노인 운전 교통사고를 들으면 남의 일로만 생각되지 않는다. 노인 운전을 자제해야 한다는 여론도 당연하고 어느 지자체에서는 노인 운전면허증을 반납하면 얼마의 보상까지도 해준다고 하니 씁쓸하기도 하다.

참으로 기로에 다다른 심정이다. 정신을 차리고 현실을 주시해야겠다.

올 때까지 왔으니 누구를 원망하겠는가.

10년 갱신 기간이 5년으로 줄고 이제는 3년이라니 그러면 3년 후에는 1년이라도 줄 양인가.

세월은 청춘을 노인으로 만들었고 노인은 곧 병들 것이고 그다음은 죽음이 순서라는 생로병사의 공식적인 계산 아래 3년으로 줄인 것 같은데, 다 행정적인 수단과 방법이라고 봐야 할 것이다.

아무리 변명을 하고 생각해 봐도 막다른 골목까지 밀려온 기분이다. 아니 틀림없는 현실이다. 세월의 쓰나미를 어찌 감당하겠는가. 누구를 원망할 일은 아닌 것 같다. 지금까지 살아있음에 감사할 일이다.

세상은 온통 백세시대라고 야단들인데 면허증 나이는 자꾸만 반대로 줄어가고 있다. 10년짜리 면허증 갖고 끝까지 사용하면 다행이고 중간에 사용할 능력이 안 되면 자동으로 끝나는 것이 아닐까.

꼭 이렇게까지 해서 안 그래도 위축되어 있는 늙은이를 꺾어야만 할까. 다른 대책은 없는 것일까.

행동은 조금 굼뜰지 몰라도 부단한 각오로 침착하게 더 신경을 쓰고 노력하는 늙은이가 있는데 노인이라는 굴레를 일률적으로 씌운다는 것은 너무하지 않을까. 인간은 어차피 개인차라는 것도 있는데.

하던 일을 버릇처럼 즐기기도 하면서 생활의 패턴을 이어가게 해야 노인도 심신의 건강을 유지할 수 있다는 것을 왜 몰라줄까. 하기야 그들이 늙어 보지 않았는데 그 깊고 오묘한 경지를 감히 상상이나 할 수 있을까.

지금 같은 세상에 노인이라고 운전을 못 하게 한다면 노인을 사회에서 내쫓는 거나 무엇이 다를 게 있는가. 노인도 노인 나름의 노인으로 구별되어야 한다고 주장하고 싶다.

끝까지 지구를 지킬 수도 없고 인생을 정리하듯 10년에서 5년이 되고, 5년이 3년으로 되고 살아 있는 시간들이 시나브로 줄어가는 것은 막을 길이 없다.

3년짜리도 감사할 뿐이다. 부디 이제 마지막이 될지도 모르는 기회를 건강 조심하고 사고 없는 모범 운전으로 장수시대 체면도 세우고, 혹 3년 뒤에 1년짜리라도 다시 갱신할 수 있는 자격이 부여되면, 100세 시대에 걸맞은 멋쟁이 인생이 되어 보자고.

서둘 필요는 없다. 그때까지도 막다른 그 골목은 거기 있을 것이다.

최고의 선물

전철에서 옆에 앉은 군인이 너무도 동안(童顔)이고 어려 보여서 국군 아저씨라고 부르기엔 아직 소년티를 벗자면 군대 밥그릇을 쌓아도 한참은 더 쌓아야 할 것 같았다.

사실이지 국군 아저씨란 표현은 내가 중고등 학생 시절 위문편지 쓸 때 즐겨 쓰던 국군 아저씨가 아니던가. 전후에 순수했던 소녀 시절은 속절없이 세월 속으로 밀려 지금은 국군 아저씨가 아니라 국군 손자라고 할 수밖에 없는 처지가 되었으니 웃을 수도 없고 격세지감은 말할 것도 없으니 흐르는 저 강물을 누가 막을 것인가.

"휴가 갑니까?"

"아닙니다. 전역했습니다."

전역이라면 제대했다는 것인데 나는 속으로 깜짝 놀라지 않을 수가 없었다. 아니 이렇게 앳되어 보이는데 벌써 복무를 마치고 제대까지나 했다니 기가 막혔다. 너무나 의외의 대답이었다. 도대체 몇 살인데 병역의 의무를 다하고 전역까지 했단 말인가. 아무리 병역기간도 짧아졌다고는 하지만 내 나이가 많아지니 옛날 국군 아저씨들이 지금은 국군 손자들로 보일 수밖에.

"아 그래요, 수고했어요. 축하해요."

"감사합니다."

누구네 아들인지 볼수록 귀엽고 잘생겼다. 젊음이어서 그럴까. 싱그럽기가 향기라도 풍길 정도였다.

나에게도 젊음이 있었던가. 있기는 했을까. 있었다면 언제였을까. 까마득한 지난날은 가늠마저 되질 않는구나. 나는 그 젊음을 어떻게 소비하고 여기까지 왔단 말인가.

"이제 한고비 넘겼으니 어떤 일을 해도 잘할 수 있을 거예요. 나랏일 한다는 사람들이 청문회에서 궁색한 꼴로 변명하는 것은 참으로 거북할 만큼 추했는데, 정말 보기 싫었는데 어려운 일 훌륭히 잘 참고 잘했어요."

"감사합니다."

"어디까지 가세요?"

왠지 이 멋진 청년과 수다를 끝내고 싶지 않았다.

"청량리 가서 갈아타고, 또 서울역 가서 갈아타고 부산까지 갑니다."

"아, 집이 부산이구나. 밤늦게나 부모님을 뵙게 되겠네요.

"네 그럴 것 같습니다."

"오늘 부모님께 선물이 훌륭하네요."

"아무것도…."

움찔하면서 빈손을 벌리며 준비 못했다고 난감하다는 표정이었다.

"이렇게 건강하고 잘생긴 아들, 임무를 수행하고 돌아오는 믿음직한 아들. 부모님께는 최고요, 최대의 선물이지요. 아마 이보다 더한 선물은 이 세상에는 없을 거예요."

그제야 어색한 듯 이해가 된다는 모습으로 씨익 웃었다.

"애인은 또 얼마나 좋아할까."

"애인이요? 그런 것 아직 없습니다."

"아 그래요. 이렇게 멋지고 잘 생겼는데… 이제는 걱정마요. 다 갖추었으니 아가씨들이 줄을 설 거예요."

"내가 한 가지 부탁해도 될까요?

의외의 질문에 좀 놀라듯 눈을 크게 떴다.

"네 뭐든지 말씀하십시오."

"오늘 밤에 도착하면 부모님이 얼마나 좋아하실까. 행복한 부모님을 먼저 자리에 앉게 하시고 큰절을 올리세요. 아들 군 복무 무사히 마치고 돌아왔습니다. 감사합니다."라고 말씀드리면서.

"알겠습니다. 고맙습니다, 고맙습니다."

저녁 내내 그 군인의 행복한 부모님과의 만남이 자꾸 떠올랐다.

4

찬란한 도전

찬란한 도전

국립박물관에서 대 고려전이 열렸다. 이번 전시는 대고려 특별 기획전인데 해외에 흩어진 국보급 고려 유물들을 들여온 것이 매우 중요한 사건이라면 사건이었다.

「그 찬란한 도전」이란 부제가 전시된 내용 고려 유물과 어쩌면 그렇게도 잘 어울리는지 도전이 아니고는 그 찬란함을 이룰 수 있었을까. 싶기도 했다. 우리에게 던지는 깨우침 같기도 했고 어쩌면 채찍으로 받아들여야 하는 것이 맞을 것 같았다.

보물 하나하나는 바로 고려의 찬란한 도전 정신이 아닐 수 없었다. 무심히 잊고 살았던 고려의 얼에 푹 빠질 수 있

었다는 것은 오래도록 소식 끊어졌다 만난 생모의 품에 다시 안겨 보는 것 같다고나 할까. 참으로 눈물겨웠다.

나라는 이미 지구상에서 사라졌어도 정신은 영원할 수도 있구나. 다시 고려를 사랑할 수 있었던 행복한 시간이 좋았다. 그리고 이렇게 찬란한 고려의 예술에 대한 경탄과 감사한 마음을 다 표현할 길이 없었다는 것 그리고 더 뜻깊었던 것은 전 세계에 흩어진 고려의 얼을 한자리에 모아서 볼 수 있었다는 것은 눈물겹도록 몇 배의 감동을 자아내게 했다. 그러나 이산의 아픔은 만나면 또 헤어질 수밖에 없는 운명이 가슴을 저리게 했다. 우리는 부모도 형제도 만나면 떠나

보내야 하는 비운의 민족이 된 것이 서러웠다.

고려 건국 1100주년(918~2018)을 기념하는 특별전답게 수도 개경을 중심으로 왕실의 권위와 최고의 미를 상징하는 다채롭고도 화려한 왕실 유물인 은제 금도금 주전자(보스톤 박물관 소장)는 그 섬세하고 정교한 아름다움이 화려함의 극치가 이런 것이구나! 탄복할 수밖에 어떤 말도 칭찬도 필요가 없었다.

어쩌면 볼모로 잡혀갔던 공주님을 보는 것 아니, 만난 것 같았다. 애련한 마음일까 반가워서 울어야 할지 아니 운다고 해결될 수도 없는 기막힌 운명을 저주해야 할지 비극이라 하기에는 너무도 가혹했다. 인간이나 예술이나 아픔은 다를 게 없었다.

불교, 유교, 도교 등 다양한 종교와 사상이 공존했던 고려 500년(918~1392)의 지혜가 담긴 화엄경 목판 및 고려 불교 문화를 기반으로 정점을 이룬 그림 「오백나한도」(보스톤 박물관), 「수월관음도」(영국 박물관), 「아미타여래도」(이탈리아 동양 예술 박물관) 등 미술품에 매료되어 발길이 떨어지지 않았다. 역시 우리 민족의 저력은 예술이었음이 존경스러웠다. 이들 역시도 받아 놓은 약속 시간이 다하면 돌아갈 수밖에 없는 운명은 똑같았다.

도대체 고려의 문화가 이토록 찬란하고 빼어난 예술의 경지는 어디서 온 것일까? 그것은 바로 그 찬란한 도전이었음에 더 다른 이유가 있을 수가 없었다.

경전을 담은 함(영국 박물관)이라던가 화엄경목판은 조상 고려인의 기본적인 교양의 수준을 알아볼 수 있는 민족의 자긍심이 솟구치기도 했다.

다점(茶店), 차가 있는 공간은 현대의 카페처럼 고려인들에게는 이미 일상 깊숙이 차지했다고 한다. 놀라운 일이 아닐 수가 없었다. 고려인 삶 속에 흐르고 있는 지고지순의 예술혼은 차와 함께 자연히 높은 수준으로 탄생 될 수밖에 없었다는 것을 또 알 수 있었다.

지식인 문사 층이 주로 이용했다는 다점, 얼마나 멋을 알고 멋이 있었던 고려인들인가 이들이 바로 우리의 조상이라니….

그렇게 다양한 종교가 공존했음에도 국가운영의 이념이었던 유교적 교양을 갖춘 관료적 질서 속에서 사회를 이끌어 나가고 서예와 그림, 시 등 문예뿐만 아니라 공예품을 향유하고 감상할 수 있는 수준 높은 감식안까지 지닌 예술의 안목이 있었으니 교양과 수준은 더욱 높아질 수밖에 없었을 것이다. 새삼 우리 조상은 멋있는 민족이었다는 것이 한없이 자랑스러웠다.

청자, 구름, 학무늬 완, 육마도권(메트로폴리탄 박물관) 등은 최상의 예술품으로 그 시대 세계가 인정하고 탐을 냈다. 우리가 어떤 연유에서라도 귀한 우리의 보물을 지키지 못한 것은 뼈저린 유감이나 이 세상 어디에서나 귀한 가치를 인정받고, 우리 민족 얼이 담긴 예술품이란 것만으로도 중요할 수도 있다. 이제 세계는 한 지붕이나 한 울타리가 될 수도 있으니 이렇게라도 스스로 위로할 수밖에 없다.

청자동화모란, 넝쿨무늬 완 등 금으로 된 장신구의 뛰어난 문양은 얼마나 아름답고 섬세하고 환상적인지 수세기가 지난 지금의 작품과 비교해도 손색이 없는 우수한 디자인에 대해서는 감히 가슴을 서늘케 했다.

고려청자 등을 통해서 이미 고려의 예술적인 수준에 대해서는 교과서 정도의 상식은 있었지만 직접 대 고려 특별전에서 받은 충격은 탄복과 동시에 민족의 기구한 운명이 마음을 후벼 파는 것 같았다.

학생 때 역사 선생님의 울분 섞인 고려사 시간의 강의가 주마등처럼 스쳤다. 최영 장군의 애국심과 충정도 존경했지만, 역사는 아이러니하지 않을 수 없었다.

이성계의 위화도 회군하며 나라 찬탈이 못마땅하고 가슴

아팠는데 역사는 흐르기만 하는지 반복하고 있는지. 단군 이래 놀라운 발전을 이룩한 조국을 잘 지키는 것 또한 우리의 도전이 아닐까.

이산의 아픔은 혈육만이 아니었다. 세계 곳곳에 흩어진 우리의 얼은 언제 다시 돌아오기나 할까.

우리에게는 진정한 도전만이 필요한 것 같다.

참으로 아까운 여인

어떤 삶도 들여다보면 다 그 나름 가치가 있고 뜻이 있기 마련이다.

이번 홍유릉에서 명성황후를 다시 만나니 참으로 안타깝고 원통한 슬픈 역사가 새삼 그 억울함과 아쉬운 감회가 아픔으로 젖어 들었다.

일찍 아버지를 여의고 편모슬하, 별로 내세울 것도 없는 평범한 가정에서 총명함을 자산으로 한 나라의 왕비로까지 간택이 된 것은 어쩌면 최고의 인생 역전일 수도 있었다. 하지만 사람의 앞일은 어떤 행로로 전개될지는 그 누구도 예측할 수 없는 것이 인생이 아닐까. 더구나 한 나라의 왕비라는 존재는 얼마나 거센 풍파가 있었을까.

그냥 운명으로 받아들이기엔 너무도 가혹했던 것 같다. 시대적 배경이 국내외적으로 혼란기였기도 했지만, 그중에도 가장 무모했던 것은 권력의 소용돌이 속에서 복잡하고 무서운 계략에 휘말린 희생양이 된 것은 아닐까. 왕비의 일생에는 피할 수도 없는 숙명처럼 시작부터가 평탄한 것과는 거리가 있었다.

왕비로 입궐했을 때는 이미 오랜 섭정으로 확고한 기반이 형성된 시아버지 흥선대원군의 권력 아성은 어린 왕비지만 그다 용납이 어려웠을지도 모른다. 점점 시아버지와 며느리 사이는 정적(政敵)으로 대립이 될 수밖에 없었던 것도 당연했을 것이다.

또 어린 임금(고종)을 두고 권력투쟁은 상상을 초월했다. 심지어 다음 세자 자리를 두고도 무서운 의혹과 음모와 살생이 횡횡하는 끝없는 모략과 알력으로 점철되었다. 홀홀하지 않는 어린 왕비의 명석함이 난국을 더 부추겼는지는 알 수 없지만, 묵과할 수 없는 시아버지의 끝없는 횡포와 욕심을 며느리로서가 아닌 당당한 정적으로 맞설 수밖에 없었다. 그것은 현명하고 지혜로운 방법이 아니었을까.

드디어 대원군의 섭정을 거두고 고종 친정(親政)실현을 이루었고 그간의 쇄국 정책에서 벗어나 통상 수교에 앞장서서 일본과 외교 관계를 맺기도 했고, 친 러시아 정책을 수행해서 야욕화된 일본 세력을 추방하려는 일련의 외교정책을 펴는 획기적인 변화에는 왕비의 기발한 구국구상에 큰 영향을 기여한 것은 사실이다.

여기서 위기를 느낀 일본은 자객을 보내 조선을, 말하자면 아이디어 뱅크인 왕비를 시해하는 천하에 몹쓸 짓을 저질러 우리 민족에게 천추의 한을 남긴 을미사변이 아닌가. 이렇게 어이없게도 현명하고 지혜로운 국모를 잃은 아주 무모한 불행이었다.

풍전등화 같은 나라의 운명 앞에 현명한 왕비를 지키지 못한 것은 국가나 백성에게 더할 수 없는 슬픔을 넘어 말로는 다 표현할 수도 없는 손실이었으며, 이렇게 조선은 허술하게도 치부를 그대로 드러낸 셈이 되었다.

세계 역사 중에 스페인의 이사벨 여왕은 15세기 당시 콜럼버스가 신대륙을 발견하는 데는 이사벨 여왕의 현명한 판단과 추진력으로 전적인 지원이 있었기에 성공할 수 있었던 것이다. 그때 여왕의 현명한 생각이야말로 세계사를 바꿔놓은 위대한 능력이라는 것을 다시 말하고 싶다. 물론 정치사에는 명암이 왜 없을까마는.

우리의 명성황후도 이사벨 여왕 못지않은 총명함과 판단력이 비상한 아주 명석함의 소유자라는 것을 위에 밝힌 그 당시 나라의 위기에 과감한 외교정책을 봐도 충분히 이해가 될 수 있다. 이렇게 똑똑하고 현명한 왕비를 지키지 못한 것은 당시 치욕스러운 권력 싸움이 나라를 허약하게 한 원인이라고 생각하니 한없이 개탄스러울 뿐이다.

왕비의 영특한 지혜가 이 나라를 지키기 위해 부단한 노력과 투쟁은 물론이고 치열한 삶과 영욕 서린 세월을 살다간 비운의 왕비에 대해 역사의 기록은 너무도 단편적인 몇 가지에 불과했다.

오히려 외국인에게 알려진 왕비를 다시 살펴보는 것도 괜찮을 것 같아서 먼저 영국의 지리학자이자 작가인 이사벨라 버드 비숍의 한국 견문록 「조선과 그 이웃 나라들」을 보면 명성황후에 대한 참으로 귀중한 기록을 볼 수 있다. 왕비는 갓 마흔을 넘긴 듯했고 아주 우아한 자태에 늘씬한 여성이었다. 머리카락은 윤이 나는 흑단 같았으며 피부는 투명해서 마치 진주 가루를 뿌린 듯했고 눈빛은 날카로워 이지적으로 보였다.

특히, 흥미로운 주제로 대화를 나눌 때 그녀의 얼굴빛은 지성미가 넘쳐 흘렀다고 했다. 황후는 아름답고 풍성한 남빛 비단 치마와 진홍색과 푸른색이 조화로운 저고리를 입었는데 산호장식이 되어 있었다고 했다.

이토록 왕비의 면모를 소상히 알려준 기록은 참으로 반갑고, 감사하지 않을 수가 없다.

남빛 치마에 진홍색 저고리는 푸른색 깃과 끝동, 고름으로 그 조화가 얼마나 산뜻하고 우아하고 화려했을까. 바로 우리 한복의 아름다움의 극치가 아닐까 짐작이 가고도 남는다.

어쩌면 영국 왕비 묘사 못지않게 손색없을 만큼 소상했다.

비숍은 1894년부터 4차례 조선을 방문했고 총 11개월에 걸친 현지답사를 했다. 명성황후와 만남은 네 번에 걸쳐 이루어졌는데 그중 한 번은 전적으로 사적인 자리였다고 한다. 한 시간 남짓한 사적인 대화를 나눈 후 그녀는 명성황후의 우아하고 고상한 태도와 탁월한 말솜씨에 감명을 받았다고 전하고 있다. 만남이 끝난 후 그녀는 한마디로 '명성황후의 삶은 하나의 투쟁이었다.'라고 했다. 둘은 허심탄회한 대화를 나누었다는 것을 알 수 있었다.

비숍과 명성황후가 만난 자리에는 또 다른 여인이 동석했는데, 선교사이자 명성황후 주치의였던 미국인 릴리어스 호돈 언더우드이다. 그는 우리말을 잘해 통역을 맞고 있었다. 그녀 역시 자서전 「상투의 나라 한국에서 15년」에 명성황후에 대한 이야기를 썼다.

'황후는 기민하고 유능한 외교관이었다. 아무리 그의 반대자라도 그분의 기지를 당해 내지 못했다.' 여기서 황후의 강직하고 현명한 처신이 돋보이기도 한다. 또한 명성황후가 시해되기 직전까지 우정을 나눈 이야기하면서 '따뜻한 정을 지닌 분이다. 특히 어린이들에게 부드러운 사랑을 주었다.' 고 말했다. 여기서는 왕비의 외유내강인 심성이며 탁월한 정치력이 돋보였다.

두 외국인 기록은 한낱 사견에 지날지 모른다. 그러나 지금껏 우리가 명성황후를 바라보는 시각은 지나치게, 단면적인 것은 사실이다. 시아버지 흥선대원군과 정치적으로 첨예하게 대립했던 야욕 넘치는 여인, 혹은 일본인에 의해 비참하게 시해된 비운의 국모. 이것밖에는 알려진 기록이 별로 없었는데 이방인의 시각은 명성황후의 모습을 보다 입체적으로 바라볼 수 있게 하는 근거가 된다.

그들의 시각은 어디까지나 객관성이라는 점이 가치가 있다. 황후의 긍정적인 면이든 그렇지 않든 그들 이야기의 공통점은 '명성황후는 강한 의지와 총명함을 지닌 여인'이라는 것이다. 의지할 곳 하나 없었던 소녀가 한 나라의 국모가 되어 국운을 지키기 위해 노력한 것에는 그의 뛰어난 총명함과 지혜가 예사롭지 않았다.

치열한 삶을 살았던 명성황후의 짧은 일생, 곳곳에는 그녀만의 번득이는 기지와 노력, 그리고 영욕 서린 세월을 살다간 한 여인의 노고가 역력하다.

혼몽한 시대에 시아버지와 정치적으로 사상적으로 다른 점에 반기를 들고 나라를 지키기 위해 노력한 현명한 대처와 지혜가 너무도 놀랍고 아깝다.

이렇게 훌륭한 국모를 지키지 못한 조선은 위대한 국보를 허술하게 잃어버린 죄를 무엇으로 참회해야 할 것인지, 참으로 한심스럽고 슬프다.

역사는 미래의 교훈이라는데 다시는 반복하지 말아야 할 비극이 아닐까. 너무도 아까운 인물이다.

현명한 여인

제2차 세계대전이 끝나고 일본으로부터 해방은 되었으나 우리는 또다시 열강으로부터 신탁의 압력에 나라는 일엽편주가 되어 신탁 반탁 양론으로 갈피를 잡지 못할 때 UN 특사로 메논(인도 외교관)이 실정 파악 차 입국하였다. 이제는 그를 설득해서 우리의 건국 의지를 분명히 밝혀야 하는데 당시 어떤 위인도 이 문제를 해결하는데 성공하지 못했다고 한다.

특사는 융통성이 없었는지 고집쟁인지 반탁의 우리 입장을 탐탁하게 받아들이지 않아 급기야 이승만 박사께서 언어가 통하고 외교 능력이 탁월한 모윤숙 시인에게 나라를 구

해야 하는 중대사를 부탁했다는 것이다. 막중한 임무를 수행하기 위해 모윤숙 시인은 과연 어떤 방법을 동원했을까.

달래도 보고 애원도 했겠지만 먹혀들지 않아 시인은 여러 가지 방법을 생각하다가 마침 그의 고향(인도)과 비슷한 정서를 들어 좀더 인간적으로 파고드는 작전을 펴기 위해 한국의 타지마할*을 안내하겠다고 제의했을 때는 놀랍게도 상당한 호기심을 보였다고 했다. 이것은 너무도 의외의 상황이었으며 일말의 희망이 보이기도 했다고 했다.

이미 저녁 식사를 끝낸 자리였으니 날은 저물어도 내일 출국하는 특사를 더이상 미룰 수도 놓칠 수도 없는 절호의 마지막 기회였으니 작전에도 최선을 다하기 위해 부단한 노력을 하지 않았겠나 생각이 든다.

서울에서 남양주 명성황후를 모신 홍릉까지 가는데 지금이라면 도로가 정비되고 밤낮이 구별 없는 가로등으로 조명이 밝혀질 수 있어서 불편하거나 먼 길은 아니지만, 70여 년 전 그 당시 우리나라 도로 사정을 생각한다면 참으로 기가 막히는 오지로 굳이 설명하지 않아도 짐작할 수 있을 것이다. 짙어진 하늘에는 며칠 된 상현달이 교교하고 비포장 길은 또 얼마나 덜컹거렸을까.

도대체 이 밤중에 이 여자가 자기를 어디까지 데리고 갈 것인지 내일이면 임무 수행을 끝내고 돌아가는데 이토록 험한 밤길을 끝도 없이 가고 있었으니, 혹 자기를 헤치려는 것은 아닌지 아니면 다른 목적이라도 있는지 의심을 하고도 남을 일이다.

"어디를 이 밤중에!! 그만 차를 돌리시오."

명령하듯 짜증을 냈다.

"아니 여기는 한국의 타지마할이라고 하지 않았습니까. 조금만 기다리세요. 명성황후의 능으로 가고 있습니다."

36년의 압제도 억울한데 또다시 열국의 신탁을 받는다는 것은 우리 민족의 자존심에 도저히 용납이 안 되었다. 아니 받아들일 수가 없었다. 신탁이냐 반탁이냐 기로에서 한 치 앞을 알 수 없는 암담한 나라의 운명 앞에, 더구나 날만 새면 떠나버릴 이 귀한 유엔 특사를 어떻게라도 구워삶아야만 이 나라가 살 수 있는 길이요, 오직 그 길 하나뿐이었으니 그야말로 암담하고 절박함은 말로는 다 표현할 수도 없다.

다만 나라의 운명이 이 남자의 판단에 달린 이 절체절명(絶體絶命)의 시간은 남의 속도 모르고 어두움으로 깊어 가기만 하고 있는데 막중한 임무를 받고 나라의 운명 앞에선 모윤숙 시인의 마음은 얼마나 타들어 갔을까. 모윤숙 시인 생전의 회고담을 떠올리니 지금도 가슴이 착잡하다 못해 울렁

거릴 지경이다. 이튿날 메논은 떠났고 우리는 바로 남한만의 총선거를 치른 것은 물론이고 대한민국을 건국하였다.

이 어마어마한 상황을 후일에 사람들은 모윤숙 시인이 여성이었으니 참으로 엉뚱한 상상을 하고 떠들었지만 기지를 살려 풍전등화 앞의 나라를 구한 것은 이 나라에 어떤 남자도 해내지 못한 일을 기어코 해내고야 말았다.

'이 장하고 현명한 여인 앞에 누가 할 말이 있으면 나와 보라고 하지.'

오늘 홍릉을 다시 찾으니 세월은 유수 같은데 여인의 현명함이 가슴을 뜨겁게 한다.

내가 소녀 적에 읽은 「렌의 애가」는 지금 기억해도 한 구절 한 구절이 시(詩)인지, 수필인지, 소설인지 너무도 아름다운 문장이 지상의 글이 아니고 천상의 글같이 생각되었다. 아니 지금 다시 읽는다 해도 그때 그 감정은 잊을 수가 없을 것 같다.

또 그분의 시(詩) 국군은 죽어서 말한다.

나는 죽었노라 25살 젊은 나이에
대한민국 아들로 죽었노라
나는 자랑스런 대한민국의 소위였다

조국의 산맥을 지키다
내게는 어머니 아버지 귀여운 동생도 있었노라
어여삐 사랑한 애인도 있었노라

– 모윤숙 「국군은 죽어서 말한다」 중에서

아 그때 나에게 조국은 사랑의 대상이었고, 몇 번이고 읽고 또 읽으면서 울었던 아름다운 시절이 있었다.

이분의 시를 사랑했고, 그리고 시인 모윤숙을 존경했다.

임무에 충실하고 냉철한 UN 특사를 자기 고향 정서로 끌어들이면서 설득시킨 외교적 수완과 감각은 모윤숙 시인이 아니었다면 이렇게 현명한 답을 끌어낼 수 있었을까. 놀라운 능력, 현명한 판단 다 존경이 우러난다.

자주 대한민국을 세우고 자유 민주주의를 국헌으로 하고 이 땅에서 수호할 수 있었다는 사실의 근원을 감사하면서 모윤숙 시인의 현명함을 다시 감탄한다.

*타지마할; 인도 무굴 제국 샤자한 황제가 왕비를 추모하며 건립한 묘.

행복한 여인

처음 정자 씨를 봤을 때 얼굴은 별 특징이 없었으나 동그스름하고 하얀 치열이 가지런해서 웃을 때는 퍽 귀엽고 매우 정겨운 인상이었다. 올해 65세라고 했는데 아직도 50 전이라고 해도 손색이 없을 만큼 젊고 발랄하게 보였다.

딸 셋이 수시로 병실을 드나드는 걸 보면 나이도 들었을 만한데 딸들하고 웃고 수다 떨며 노닥거릴 때는 누가 딸인지, 누가 언닌지, 누가 엄만지 영 구별이 안 될 정도로 재미있고 젊어 보였다. 꼭 친구들끼리 모인 것 같았다. 하기야 스무 살에 결혼했다고 하니 딸들도 다 이제는 40이 넘었고 모두 제 살림에도 충실한 것 같았다.

유방암 병실은 다섯 개의 병상마다 다들 사연들이 재미있었는데, 그중 정자 씨는 유독 명랑하고 수술도 잘돼서 곧 나가야(퇴원) 할 판인데 그동안 병실에서 반장 역할을 도맡아 하다 보니 짧은 만남이지만 동병상련(同病相憐)의 인연을 소중하게 여겨 금방 언니 동생으로 연민의 정보다 더 따뜻한 인정을 베풀고 있었다.

자기는 딸 셋하고 사위에다 또 남편까지 번갈아 드나드니 맞이하고, 보내고, 늘 바쁘고 행복에 겨운 상황임에도 성격상 이웃을 살피는 측은지심은 다 천성인 것 같았다. 명랑하고 예쁘고 남을 위하는 봉사 정신이 투철하고 언제나 가슴이 오픈된 따뜻한 여자였다. 정도 많고, 관심도 많고, 말도 많고, 동작도 빠르고 얼마 전까지는 옷 장사도 했다는데 하루 1000만 원 이상의 매상을 올릴 만큼 사업에도 유능했지만 미련 없이 정리하고 지금은 새로운 인생을 살고 있다고 한다. 양파처럼 까도 까도 무한정인 정자 씨의 인생은 언제나 재미가 있었고 흥미진진했다.

조금 전 남편이 왔다가 두고 간 봉투에는 300만 원이 들어 있다고 공개를 하면서 실은 딸들의 아빠인 남편은 몇 해 전에 간암으로 세상을 떠나고 지금 이 사람은 두 번째 인연이라고 했다. 아무렇지도 않게 봉투를 들고 생글거리며 사실을 밝히는데 정작 듣고 있는 요우들은 무슨 날벼락이라도 맞은 듯 놀래서 가슴을 두근거리고 있는데 본인은 너무나 당연하고 솔직해서 눈 하나 깜짝하지도 않고 마치 여러 사람들을 놀라게 해주려고 폭탄 하나 일부러 터트린 것 같았다.

먼저 간 남편은 성질이 불칼 같고, 의심이 많고, 급한 성미는 한마디로 괴팍해서 마누라를 꼼짝 못 하게 집안에만 가두다시피 하니 대문 밖을 모르고 살았다고 했다. 오직 딸 셋을 잘 키우고 또 결혼도 잘 시켜 별 불편 없이 살아도 항상 독선적인 남편 성질로 편치는 않아도 팔자려니 했다.

평소 건강이 안 좋은 남편이 간암 말기 판정을 받으면서 손 쓸 여가도 없이 성질처럼 먼저 떠나버리고 말았는데 그래도 남편이 고마웠던 것은 딸 셋을 남겨준 것이 그렇게 감사할 수가 없었다고 했다.

옷 장사도 남편이 가고 없었으니 시작한 것인데 유명 브랜드 한 상표만 취급하면서 상도덕에 벗어나지 않는 열정과 정직으로 온 정성을 다하다 보니 장사도 잘되어 슬프거나 외로울 여가도 없이 생활이 바쁘기만 했는데 그때도 딸들은 친구처럼 도와주면서 재미있는 시간을 보냈다고 했다. 이때 아들 겸 남편 겸 의지하던 맏사위가 우리 장모님을 그냥 이대로 늙게 할 수는 없다고 하면서 자기가 장모님의 좋은 짝을 추천하겠다고 하였다. 처음에는 그냥 장난인 줄 알고 잘 해 보라고 장난으로 받아넘겼다.

그러나 사위는 제일 먼저 나서서 온 가족 및 친척들을 설득시켰고 사위 자신은 이미 한 인물을 점찍어 놓고 관찰하는 중이었다고 했다. 사위의 치밀하고 완벽한 계획 아래 적극적인 후원을 받으면서, 사위의 일사불란한 추진력에 이끌려, 사위의 손을 잡고 새로운 인연에게 인계가 되는 주객이 전도라 할까. 차례가 바뀐 인생 역전은 이렇게 시작되어 자연스럽게 그것도 모든 가족으로부터 축복을 받으며 팔자를 고친 것이다. 참으로 이런 것이 인생 역전이 아닐까.

양가 가족들의 이해와 축복은 물론 꿈같은 신혼은 여행으로 주로 시간을 보냈는데 더구나 여러 날이 필요한 해외여행은 도저히 옷 장사를 계속할 수가 없었고 또 더이상 옷 장사는 필요하지도 않아 그 많은 단골들의 만류와 반대에도 뒤돌아볼 것도 없이 접을 수밖에 없었다.

더 감사한 것은 전 남편과는 너무도 대조적인 성격을 골라 준 사위가 그렇게 고마울 수가 없었다. 결혼하고 알게 된 사실인데 남편은 G시에서 알아주는 부동산 재벌로 또 튼실한 사업가라고 했다. 모든 것은 보호자가 된 사위가 알아서 할 일이니 별다른 관심도 없었다.

부자를 원한 것은 아니지만 이 또한 금상첨화(錦上添花)가 아닐까. 장사가 아무리 잘된들 이들 신혼부부에게는 시간보다 더 소중할 수는 없었다.

신혼 생활에서 겨우 정신을 차린 남편이 혼인 신고의 절차를 밟기 위해 기관에 가자고 했을 때 정자 씨 제의로 그냥 이대로 지내자고 했단다. 그 많은 재산을 원치도 않지만 말 많은 세상에 오해나 의심받기도 싫으니 그냥 행복하게만 살고 싶다고 했단다.

욕심 없는 정자 씨. 늘 봉사하고 이웃을 사랑하고 항상 명랑한 정자 씨.

정자 씨야말로 행복한 여인이 아닐까.

그녀가 그들의 운명이었다

덕수궁에서 「신여성 도착하다」라는 전시회가 열린다기에 기꺼이 따라나섰다. 제목부터가 꼭 가서 봐야겠다는 충동을 금치 못했는데 처음에는 솔직히 실망했던 것은 사실이다.

황진이나 신사임당 이후 출현한 내가 알지 못한 재원들은 누굴까? 과연 신여성으로 구분이나 한계는 어디서부터일까? 등 궁금증을 갖고 전시장에 들어서자 의외에도 나혜석, 천경자, 박래현, 최승희 등 낯익은 모습들이었다. 이들은 나와 얼마 차이도 아닐 뿐 거의 동시대적 인물들이 아닌가.

천경자, 박래현 화백은 타계한 지도 얼마되지 않았지만 생전에 개인전에도 몇 번 참석했었다. 특히 천경자 화백의 주옥같은 글솜씨는 감동과 그 친근감에 매료되어, 그분의 그림 같은 글과 아름다운 그림을 닮고 싶었을 만큼 존경하고 동경했던 나의 멘토가 아니었던가.

신여성은 그렇게 오래된 역사적 인물도 아니었다. 그러고 보니 우리가 봉건사회로부터 탈피한 것도 얼마 되지 않았지만, 지금인들 완전히 벗어났다고 할 수 있을까? 싶기도 하다. 그러면 신여성은 언제까지가 신여성일까.

신여성이란 용어는 서구 유럽 미국에서 19세기 말부터 시작했으며 일본과 아시아 국가에서 사용된 것은 20세기 초반이라고 했다. 조선의 경우 근대 교육을 받고 교양을 쌓은 여성도 이때 출현하면서 1920년 중반에서 1930년대 말까지는 신여성이라는 용어가 대대적인 유행을 할 만큼 확산되었다고 한다. 여성이 수동적인 삶에서 벗어나 제도적 불평등에 대한 불만이 계몽과 해방운동으로 출현된 계기가 바로 신여성의 기치가 아니였을까.

내가 신여성이란 용어를 처음 듣게 된 것은 우리 어머니로부터였다. 열여섯 나이에 조혼한 아버지가 객지에서 공부할 때 사귄 여성을 어머니는 신여성이라고 하셨다.

그때 당신이 관찰한 신여성은 신식 학교에서 신학문을 배운 여자로서 머리는 파마하든지, 감아올리든지, 신발은 뾰

족구두를 신고, 우데마끼(손목 시계)를 차고, 양장 차림의 비교적 몽당치마를 입었고 자유연애를 할 수 있는 여자가 신여성이라는 것이다.

우리 어머니가 1930년대에 직접 겪은 신여성의 정리였다. 거의 외모에 불과했지만, 그들은 그 불모지에서 신학문을 받아들인 용기 있는 여성이요, 선각자가 아닐까.

또 어머니는 신식 공부한 여성들을 부나비들이라고 조롱 섞인 호칭을 자주 쓰시는 버릇이 있었다. 이것은 어머니가 겪은 상처에 대한 심정인 것 같은데 이해가 되고도 남을 일이다.

이때 신여성들에게는 상대할 교양 있는 남성들은 이미 결혼을 했으니 이들의 애정 행각은 거의 불륜이거나 금기된 사랑일 수밖에 없었다.

여성들이 봉건사회에서 과감하게 용기를 갖고 신학문을 받아들이고 억압된 삶에서 벗어난 과감한 처신은 사회적으로 선망의 대상이 되기도 했지만, 한편으로는 피할 수 없는 편견과 조롱의 대상이 될 수밖에 없었다. 그것은 당시 조혼한 남성들과의 불행한 연애 행각이 가장 큰 이유가 아니였을까 싶다.

윤심덕만 해도 그 당시 동경 유학으로 성악을 전공한 엘

리트 신여성의 입지를 굳혔으나 불륜의 연애로 「사의 찬미」를 남기고 만경창파에 비극으로 생을 마감하지 않았던가.

이번 전시회가 윤심덕에게 관심을 두지 않은 이유를 알 것도 같다. 또 기생 출신의 서화가들도 사군자나 서예에 출중한 실력을 보였으나 거의 배제되다시피 되었고 몇 명밖에 없었다. 예술적 재능을 신분으로 차별할 수는 없는데.

신여성들은 실제로 여성만이라기보다 굴절된 식민 공간에서 서구 문명에 대한 선망과 현실에 대한 좌절 욕망을 투영하는 담론의 장으로써 역할이었다고 한다. 그중에도 각자 분야에서 시대적 한계와 어려움을 극복했던 대표적 인물 다섯 명을 선정해서 재조명한 것이 아쉽지만 바람직하지 않을까.

· 나혜석은 여성 최초로 개인전을 연 화가이자 가부장제를 부정한 해방론자.
· 최승희는 창작 현대무용을 최초로 발표한 무용가.
· 이난영은 「목포의 눈물」로 민중의 심금을 울린 가수.
· 김명순은 제국주의와 자본주의의 부조리한 현실을 비판한 1세대 여성 작가.
· 주세죽은 여성이 겪는 겹겹의 고통을 개선하기 위해 노력했으며 조국의 해방을 위한 독립운동가.

전통 사고가 강했던 그 시대에 이들의 행로는 대단한 용기와 판단이었으나 당연히 순탄할 수는 없었다. 제대로 평가받지 못했던 것도 사실이다. 바로 그녀들이 그들의 운명이었던 것이다.

이번 전시회는 이들 5인의 신여성을 새로운 해석으로 오늘의 관점에서 돌아볼 수 있는 좋은 기회이기도 했다. 꼭 오래되고 전통이 있고 역사적이 아니더라도 당시 신여성들이 추구했던 이념과 실천의 의미를 볼 수 있었다.

오늘날 여성부가 존재한다는 자체는 아직도 여성의 입지를 보호하기 위함인지 아니면 강력해진 여성의 힘을 과시하는 것인지 몰라도 여성은 곧 새로워야 할 의지의 인간이다.

지금 이 자리에서도 새로운 여성은 얼마든지 탄생할 수도 있고, 또 새로운 여성은 계속 탄생되어야 한다고 생각한다.

모메꽃 같은 여인

하루살이가 아침에 외양간에 갔다가 소가 휘두르는 꼬리에 맞아 그 자리에서 즉사하고 말았다. 그들의 천수는 하루인데 다 채우지도 못하고 젊은 나이에 불의의 사고로 요절한 것이다.

하루살이 가족들에게는 너무도 어처구니없이 당한 청천벽력이며 슬픔이 되었을 것이다. 말로는 다할 수 없는 절망감과 허무한 삶이 얼마나 비통하고 가슴이 아팠을까.

백 년 살이 인생 역시도 백 년을 살았으면 천수를 다한 것인데 세상을 떠날 때는 세월이 꿈결처럼 흘렀다고 세월을 원망도 하고 탓하면서 아쉬움과 이별의 슬픔을 감추지 못한다. 백 년을 살고도 삶이 아쉽고 허무하다면 이것은 틀림없는 욕심인데 과연 인간의 욕심은 그 끝이 어디까지일까.

삶의 마감을 병들어 고통으로 맞이하든, 불의의 사고로 눈 깜짝하게 마쳤든, 또는 건강하게 끝맺음을 맞았다 해도 삶과 죽음의 경계선은 이승과 저승을 무서울 만큼 정확하게 갈라놓는다.

이런 것들은 그저 우주의 평범한 질서에 지나지 않지만, 저 높은 곳에서 이 모든 것을 주관하는 조물주이신 전지전능의 하나님께서는 하루가 천년 같고, 천년이 하루 같다는 억겁의 시간 속에서 내려다보실 때 하루살이의 일생과 백 년 살이 일생이 과연 얼마나 구별이 되며 또 어느 삶이 더 귀중하거나, 의미가 있거나 가치로 차이가 있는지 아니면 거기서 거기인지.

잘은 몰라도 내 생각은 별 차이는 없을 것 같다. 우선 가까운 서울의 뒷산 보현봉에 올라가 보면 알 수 있다. 서울 시내를 내려다보면 집들은 어쩌면 성냥갑보다 못하고 그 사이를 오가는 자동차들도 딱정벌레에 지나지 않는다. 사람들은 개미 정도로 잘 보이지도 않았다. 빌딩들은 정말 거기서 거기고 도토리 키재기 정도였다.

부자도, 가난한 자도, 잘난 자도, 못난 자도, 높은 자도,

낮은 자도 다 거기서 거기였다. 하루살이나 백 년 살이도 억겁의 레이스에서는 다 거기서 거기가 맞는 것 같다. 이번에 부모님 산소를 다시 정비하면서 느낀 소감인데 한 줌의 흙으로 돌아가는 것은 살아 있었다는 것에 대한 당연한 수순이고 엄연한 질서이고, 귀결이었던 것을 다시 한번 절실히 확인할 수 있었다.

30대에 헤어진 나의 언니는 부모님보다 훨씬 앞서 떠났으니 부모님의 애간장을 그렇게 녹이다시피 해 놓고 지금까지도 그 못다 한 삶이 애달프고 서러워 남아 있는 자들에게는 옛 노래 한 구절마저도 언니가 부르던 것이고 그때 추억 서린 유행가도 다 언니 시대가 기준이 되어 다시 한번 꼭 다시 한번 들어 보고 싶어 애절하기가 눈물겹다.

여기서 중요한 것은 우주의 법칙이다. 영원히 살 수 없다는 사실. 그래서 꼭 헤어질 수밖에 없지만 단 한 가지 바람은 차례를 지켜주는 것이 가장 효도도 될 수 있고, 순리이고 최선책인 듯하나 그것이 마음대로 되는 것이 아니니 더 애달플 수밖에 없다. 차례가 어긋났기 때문에 한스러운 결과가 된 것이다. 한 많은 젊은 나이에 떠났던 언니 자신은 눈이나 바로 감았겠나 싶다.

5년 후 그 자리에 새언니가 모메꽃처럼 나타났을 때는 천

사같이 순결하고 아름다웠다. 친척 할머니들은 어쩌면 먼저 간 김실이와 똑같으냐고 할 정도로 닮기도 했다. 인연 역시도 우주의 질서 속에서 이루어졌는지도 모른다. 꽃은 져도 다시 피듯 정말 우주 법칙은 한 치의 어긋남이 없는 순리요, 정확한 질서였다. 우리 어머니는 움딸을 맞으며 몹시 고마워했다. 그 고운 모습에서 착함이 그대로 묻어나 어려움을 스스로 선택해 준 것이 고마웠을 것이다. 그리고 아기도 꼭 갖으라고 부탁했다.

왔다 갈 때는 핏줄인 자식이 있어야 한다고 이 또한 우주의 평범한 질서일 뿐인데 이제는 당부하던 어머니도 떠나고, 아들 네 명은 저마다 가정을 꾸려 떠나고 두 늙은이만 조용히 남았다. 어머니가 부탁한 딸 하나도 더 갖지 않고 그 아름다웠던 모습을 삭이듯 조용히 늙고 있을 뿐이었다.

모메꽃이 시들어가듯.

딸은 엄마의 거울인가

올해는 난데없는 우한 코로나 사태로 마냥 나가지도 못하고 집에만 갇혀서 빈둥거리다가 그동안 써 놓았던 작품들을 다시 찾아서 하나하나 정리를 해 보니 수필집 한 권은 될 것도 같았다.

세 번째 수필집이 되는데 꼭 내가 낳은 딸을 시집보내는 것처럼 말할 수 없이 신경이 쓰였다. 부족하기가 이를 데 없고 다듬고 챙겨서 보내야 하는데, 엄마의 심정과 다를 바가 없다는 생각이 들었다.

들여다보면 볼수록 부족한 것뿐이고 마음에 흡족한 데가 한 곳도 없고, 또 보고 또 봐도 어디 하나 감동을 끌어내기

는 힘들었다. 아, 이래서 내 속으로 낳은 내 딸도 내 맘대로 안 된다고 하는구나.

그것도 처음도 아닌데 가면 갈수록 거듭할수록 쉽지가 않았다.

첫 번째도 그랬고, 둘째 때도 그랬지만 책을 만드는 즐거움보다는 어쩌면 이토록 부족함투성이로 온통 마음에 쌈박하게 드는 곳도 없고 그렇다 보니 고민도 많이 되었다. 얼마를 더 노력해야 성에라도 찰는지 모르지만.

우리 엄마의 심정이 이렇지 않았을까. 딸 다섯을 둔 우리 엄마 그 시대 딸을 다섯이나 두었다는 것도 보통 시련은 아니었는데 첫 딸을 보내고 둘째 셋째는 물론 넷째 다섯째까지 보내고 못해 준 부족함 잘못 가르친 아쉬움, 일 다 끝났다고 아니 책임 다했다고 마냥 즐겁기만 하지는 않았을 것이다.

엄마는 막내까지 다 보내고 하신 말씀이 "딸 많다고 했는데 하나하나 떠나보내고 나니 너무나 헤펐다."고 하셨다.

일을 다 마쳤으니 홀가분하기도 했으련만 섭섭한 마음을 그렇게까지 담담하게 표현하신 것이다.

첫째 딸을 보내고 나서는 "팔 하나 접은 것 같다고" 하신 것은 그만큼 큰딸의 역할이 크기도 했지만 의지하고 든든했던 딸의 자리가 얼마나 크고 허전했으면 그런 심정을 토로하셨을까 싶다.

언니한테 비하면 많이 부족한 둘째인 나는 엄마를 뒤로하고 떠나올 때 눈물 감추시던 그 모습은 아직도 어제같이 생생해 잊을 수가 없다.

그 후에도 엄마는 셋을 더 보냈으니 지겨울 만도 하셨을 텐데 헤펐다고만 하신 게 바로 엄마의 심정이 아니였을까.

나는 오늘 원고를 마지막으로 정리해서 보내면서 그것도 한없이 부족하기만 한 셋째 딸을 떠나보낸 것이다.

앞으로 아직 몇 딸을 더 낳아서 보낼지는 모르지만 좀 잘 쓰고 다듬고 수준 있는 딸로 키워서 보내야지 않을까, 생각하니 어머니의 보이지 않던 노고가 참으로 위대했음을 새삼 감사하지 않을 수가 없다.

책을 새로 쓰고 그때마다 세월이 가면 갈수록 어머니가 몹시도 그립고 보고 싶다. 나의 셋째도 내 노력 여하에 좋은 작품이 될 수도 있는데 말이다.

다시 봄을 기다리며

이 땅에 태어나 봄, 여름, 가을, 겨울 4계절을 다 누릴 수 있다는 것은 보통 행운은 아닌 것 같다. 이 아름다운 내 고장을 참으로 사랑할 수 있었던 중요한 조건이기도 하지만 정말 고맙고 자랑스러운 고향이다.

봄은 봄대로 겨울 혹독한 추위에서 벗어나게 한 따뜻한 볕은 만물을 소생시키는 원동력이기도 하지만 온갖 꽃을 다 피워 세상을 아름답게 했으니 얼마나 희망적인 시작의 계절인가.

여름은 그렇다고 마냥 찌는 더위뿐이겠는가 더위로 얻어지는 수없이 많은 즐거움도 생각해 봐야 할 것이다.

좋은 가을도 여름의 강력한 햇살과 더위가 가져다준 결실이 아니겠느냐. 여름 없는 풍요로운 가을을 기대할 수가 있을까. 그것은 쭉정이 가을이 될 수밖에 없다는 것은 삼척동자도 다 알 수 있다.

우리는 공기가 중요하다는 것을 잊고 사는 것처럼 자연의 고마움인들 얼마나 알고 있을까. 마찬가지다. 가까운 공원에서 계절이 하루가 다르게 변하고 있음을 온몸으로 느끼면서 역시 자연이 알려주는 신비함은 물론 위대함까지도 그들은 어쩌면 저리도 조용한지. 야단스럽게 떠들기를 하나 자랑을 하나 아니 겸손한 것인지. 자연이야말로 우리에게는 더 이상의 스승이 또 있을까.

벚나무 한 그루도 처음에는 잎 몇 개가 노랗게 물들어 섞이는가 했더니 며칠 지나자 어느새 빨간 잎이 나타나기 시작했다. 초록에다 노랑, 빨강이 어울려 예쁘다 못해 그대로 커다란 꽃다발이 되었다.

봄에는 아름다운 꽃으로 그렇게도 공원을 꽃 대궐로 장식하여 설레게 하더니 이제 가을을 맞아 새로운 꽃다발로 연출하는 게 신기했다. 조물주의 세상은 어느 것 하나도 허술하거나 그냥 된 것이 있기는 할까. 어제오늘은 또 온 바닥을 곱게 양탄자를 깔아 놓은 게 아닌가. 어쩌면 이렇게 끝까지 자신을 다 내려놓는 것은 인간에게 보여주는 깊은 뜻이 아니면 배려라고 해야 할지.

자연이 우리에게 주는 가르침이고 무한한 선물이 아닐까. 나는 그들의 일생을 일찍부터 지켜봤는데 이제 바닥으로 꽃다발을 내려놓는 수순에까지 이르렀다.

깊어 가는 계절을 알리는 메시지인 것 같은데 나는 올해도 어김없이 이 화려한 카펫을 몇 해째 밟고 있구나. 생각하니 무한한 감회에 젖어들지 않을 수 없었다. 이렇게 아름다운 카펫으로 언제까지 불러줄 것인가 당장 내년에도 건강하게 초대해 주기를 간절히 바랄 뿐이다. 낙엽과의 인연을 돌이켜 보면 어린 시절 낙엽을 한 움큼씩 쓸어다가 친구들에게 장난치듯 뿌려 보던 재미도 쏠쏠했다. 고운 낙엽이 너무 좋아 사랑한다는 표현이었겠지.

점점 자라면서 철은 들었을까. 예쁜 단풍을 골라 친한 친구에게 책갈피에 꽂으라고 건네주었던 우정이 또 얼마나 아름다웠던가. 더 나이 들면서 인생을 깊이 생각할 즈음 고뇌의 상념에서 헤어나지 못해 걸었던 낙엽 길은 때로는 해결의 장이 되기도 했고 아름다운 구르몽의 시구절을 사랑하던 어쩌면 낭만의 길이기도 했다.

이제 늙어 가면서 비에 젖은 고운 낙엽을 누가 볼까 봐

몰래 챙긴 것은 나잇값도 못하는 철없는 늙은이로 보이는 게 싫어서였다. 낙엽 소리에 귀 기울이며 가는 계절을 아쉬워도 했고, 눈물겹도록 감사했던 것은 다시 아름다운 카펫을 밟게 해준 자연의 깊고 오묘한 선물이 고마웠다.

머지않아 찬바람이 불고 공원에 찾아오는 사람이 뜸해질 때는 흰 눈발도 날리겠지, 늦게까지 푸른 잎을 고수하던 목련도 더이상 견딜 수가 없었는지 그 무성하던 숱을 한꺼번에 내려놓았다. 놀라워 무슨 사연인가 가까이 가서 쳐다보니 아, 빈 가지에 벌써 꽃망울을 준비한 모습이 가슴 떨릴 만큼 반가웠다. 아니 존경스럽기까지 했다. 한 송이 목련을 피우기 위한 그 기막힌 준비가 벌써부터 시작되었다는 것이 너무도 경이로웠다.

내년 4월 첫 주에 피울 그 청아한 한 송이 목련이 가슴에 안기듯 코끝에 신선한 향기가 상큼하게 느껴졌다 아니 내 속으로 들어왔다.

겨울 준비에 의연한 공원 가족들의 모습이 오늘따라 쓸쓸할 줄로 알았는데 오히려 싸늘한 하늘을 향해 앙상히 뻗은 가지는 강력한 맹세 같은 결기가 보였다. 머지않아 빈 벤치에는 겨울의 여신 흰 눈이 천사가 되어 곧 내려앉으리라.

그리고 식구들을 하나하나 어루만지며 사랑의 생명수를

공급할 것이다. 아 자연은 정직했고 평화와 인내와 희생과 겸손이었으며 한없이 아름다웠다.

나는 또다시 봄을 기다릴 것이다.

5

남향(南向

속 타는 남편

귀여운 손자들이지만 요즘은 어쩌다 만나는데도 실랑이를 할 수밖에 없다. 그것은 다름 아닌 핸드폰 때문이다. 너무 가까이 들여다보는 것도 눈에 안 좋은데 핸드폰만 들었다 하면 게임에 빠져 있으니 먹는 것에도 별 관심이 없고 더구나 대화마저도 안 된다. 이러니 속이 탈 수밖에 없다. 아무리 눈 버린다고 성화를 해도 소용이 없으니 보통 난감한 일이 아니다.

하기야 전철을 타나, 어디를 가나 어른, 아이 할 것 없이 핸드폰만 들여다보는 시대가 되었으니. 온통 세상이 핸드폰에 푹 빠진 듯하다. 더구나 아이들이 더 안타까운 것은 공부에도 지장이 클 것이고 눈 건강이며 생활에도 막대한 지장이 있을 것 같다.

사실 나는 내 손자뿐만 아니라 모든 청소년이 눈을 버리는 것은 용납이 안 될 만큼 가슴이 아프다. 그래서 참지 못하고 자주 간섭을 했는데 노파심만은 아닐 것이다.

그들의 귀중한 눈은 요원한 장래에 얼마든지 중요한 일을 해야 함에도 불구하고, 지금부터 눈에 관심을 갖고 보호해도 지키기 어려운 마당에 저토록 대책 없이 혹사하는 것은 장래가 불 보듯 뻔한 재앙이 아닐 수 없다. 내 생각은 국가적으로 무슨 대책을 세워야 할 것 같은데 지금 하는 것 보면 무엇을 기대하겠는가. 역사 교육도 중요하지만 정말 시급한 것이 무엇인지 다시 한번 생각해 줬으면 좋겠다.

세상 이치를 보면 모든 것은 동화되기 마련인 것 같다. 거기에는 과학의 발전이 물론 최대의 원인이기도 하다. 일인 일 차시대가 발생하는 후유증이 매연 등으로 건강을 해치듯 전화 역시 일인 각자 시대가 되어 첨단 기술로 편리하지만 잃은 것은 또 얼마나 될까.

나는 차 안에서 책을 자주 보는 편이다. 시간이 무료해서 독서를 즐기면 남편은 책 좀 그만 보라고 간섭이다. 흔들리는 차 안에서 보는 것은 눈에 무리가 있다는 것이다. 또 불

면증으로 밤늦도록 책 본다고 걱정을 많이 들었다. 그래 그런지 눈 때문에 고통도 많았다.

요즘은 어쩔 수 없이 나도 핸드폰 애용자가 되었다. 그저 이 시대에 동화된 현상일 뿐 별일은 아니다.

조용했다 하면 틀림없이 핸드폰에 꽂혀 있다고 남편의 지적이다. 밤낮이 따로 없고 장소를 막론하고 자주 보게 된다. 남편은 이런 나를 내가 손자들한테 하는 만큼은 아니라도 안달을 하고 있다.

나야말로 손자들은 해야 할 공부는 않고 게임만 하니 안타까웠고. 또 장시간 게임에 빠져 있으니 눈에 무리가 있을까 봐 속이 터졌고. 밥도 안 먹고 말도 없이 게임만 하니 안절부절 애를 태웠지만.

그러나 나는 때 맞추어가며 밥해서 바쳤고 집안일, 빨래, 청소 등 도움 없이도 잘만해 왔지 않았나.

그뿐인가 집 안팎 대소사도 몸을 아끼지 않고 협조하고 노력하면서 내가 할 일은 다하고 있는데 여가로 핸드폰 좀 본다고, 그것도 주로 카카오톡 좀 하기로서니 그게 그렇게 못마땅할까.

이제 공부하는 학생도 아닌데 이 나이에 간섭하고 속을 태우니 우습기도 하고 한편 재미도 있었다.

카톡이 좀 많이 오는 편이기는 해도 반 정도는 읽고, 보고, 전달하고 답을 보낼 정도인데 게임을 하는 것도 아니고 이 정도면 노후에 재미로 친구들과 즐거운 소통이 아닐까.

아마도 남편 생각은 앞으로 얼마 남지 않은 시력의 유통기한을 계산해서 염려하는 것 같은데 나도 영 모르는 것은 아니다. 그나마 아직도 나를 위해 내 눈을 걱정해 주는 단 한 사람이다.

사실이지 글도 써야 하는데 핸드폰만 들고 있으면 글 쓸 생각은 영 떠오르지 않는 걸 보면 핸드폰은 이쯤에서 좀 자제해야 할 물건임에 틀림이 없다.

늙은 남편 애 그만 달구고 말 들어주는 척이라도 해야 할까 보다. 손자들만 나무랄 일은 아닌 것 같다.

신(神)의 가호(加護)

바람은 불 때도 있고 잠들 때도 있다. 우리가 살아가는 동안 과연 몇 번의 바람이 불어닥쳤을까.

언제, 어디서, 어떤 형태로 불어올지 모른다. 예측할 수 없는 일이니 그저 볕이 나면 빨래를 널고 비가 오면 거두어들이듯 항상 생활에서 조심하고 여유를 가질 수밖에 없었다.

더구나 나이 들면서 행동은 민첩성이 떨어지니 어지간한 걸림돌은 없애거나 치워서 동선을 가볍게 하려 하는데 아무리 조심한다고 해도 허점은 있게 마련이다. 이런 것이 바로 인간의 한계인 것 같다.

베란다에서 키우고 있는 선인장은 보통 식물처럼 바로 서 있지 못하고 줄기가 축축 늘어지는 종류이다. 우연한 기회에 키우게 되었는데 이, 삼 년 전부터 신기하게도 아름다운 꽃을 피우기 시작했다.

식구라고 해야 둘뿐이지만 우리는 이 신비하고 아름다운 꽃에 대하여 매우 관심을 갖고 깊이 빠지게 되었다.

보라색에 가까운 진한 붉은색도 아름다웠는데 겹겹의 꽃잎으로 된 송이는 속 깊이까지 그 화려하고 은은한 분홍색과의 조화가 신비하리만큼 우아하고 조용했다. 어느 꽃인들 시끄러운 꽃이 있을까마는 유독 침묵의 느낌은 무엇일까.

필 때마다 감탄이 절로 나와 우리를 즐겁게도 기쁘게도 했지만, 더 행복하게 한 이유가 또 있었다.

그 독특한 색의 조화도 신비했는데 아름다운 품위는 유럽 어느 전통 있는 황실에서 황실만의 권위를 위해 독단적으로 선택된 색이 바로 이 꽃의 색이 아닌가 싶을 만큼 독보적인 품격을 조용히 함축하고 있었다.

그때 그 황실의 여주인공, 아름답고 우아한 왕비 마마의 환생을 보는 것은 아닌지, 더 기가 막히는 것은 이토록 아름다운 꽃이 단 하루만 핀다는 것이다. 고고한 왕비 마마의 자존심이 아니고는 이럴 수가 있을까. 물론 향기도 없었다. 그

지고지순의 자존감이 구태여 향기까지나 피워가며 세상 여느 꽃처럼 아양을 떨어야 할 필요는 더더욱 없다는 것이겠지.

다른 화초에는 덤덤한 남자가 유독 관심을 보이기에.

“향기도 없는 꽃이 무슨 매력이 있노.” 했더니.

“향기는 우리집에 당신만으로도 충분하거든.”

그가 금년 들어 처음 꽃을 피운 바로 그날이었다. 남편은 얼마나 반가웠으면 왕비 마마를 알현이라도 하듯 몸과 함께 고개를 숙여 들여다보는 순간.

축축 늘어진 식물 자체를 바로 세우기 위해 가느다란 철로 된 지지대를 꽂아 놓은 날카로운 철심에 얼굴이 찔렸다. 바로 눈인 것 같았다.

‘앗’ 하는 비명이 터져 나오면서 두 손으로 눈을 감싸고 돌아서는데 바로 뒤에서 그 무섭고 절박한 상황을 목격하게 된 나는 위험한 그린색 철 지지대를 세웠다는 후회와 죄책으로 무서운 자학이 슬픈 광풍으로 회오리치면서 남편보다 몇 배 더 큰 괴성을 질렀는데 내용은 무엇인지 하나도 생각나지 않았다.

눈을 움켜잡은 손 사이로 먹물 같은 피가 범벅으로 쏟아져 흐르는 것을 틀림없이 봤는데 뚝뚝 떨어지는 피를…. 119를 불러 응급실로 가야 하는 절체절명의 순간, 무슨 액

운이 이리도 가혹할까. 이제 이 세상을 하직해야 할 세월은 얼마 남은 것도 아닌데 마지막으로 기증하고 가겠다고 약속한 것도 지킬 수 없게 되었구나.

"내 핸드폰, 내 핸드폰…." 허둥지둥 "119, 119…."

정신 나간 여자를 흔들면서.

"여보, 여보 정신 차려!! 나 괜찮아, 괜찮아."

'큰일 날 뻔했구나!' 아니 남편의 얼굴은 아무렇지도 않았다. 흘러내리던 피는 어떻게 되었단 말인가. 검붉은 피가 쏟아져 내렸는데… 분명히 봤는데, 아 다행히 눈은 이상이 없었다. 지레 겁먹고 그렇게 될 거라고 무섭게 상상을 했나. 내가 꿈을 꾸었나. 정신이 나갔나.

비명 소리에 놀란 가슴은 얼마나 다급했으면 순간에 그토록 나를 무섭게 정신을 빼놓고 상상의 피가 쏟아지는 장면을 연출했단 말인가. 그래도 얼마나 다행인가. 온몸에 힘이 쫙 빠지고 소름이 가라앉는 기분이었다.

아, 너무 감사했다. 눈 깜짝 할 사이에 지옥까지 갔다 왔다. 신의 가호가 아니고는 그 순간에 눈동자를 그토록 보호할 수 있었을까.

뜨거운 감사가 온몸을 감싸주었다.

'하나님 감사합니다.'

사돈 언니

요즘은 사돈지간(査頓之間)이라고 해도 옛날과 달라서 그렇게 어렵거나 불편한 예를 다 갖출 필요는 없어져야 한다고 생각한다.

그저 상식적인 수준에서 소통하고 정을 나눈다는 것은 어쩌면 현대를 살아가는데 매우 바람직한 인간관계가 아닐까. 또 그렇게 되어야 하고 그것이 사돈지간이면 자식도 나눠 가졌는데 남보다는 더 돈독 해질 수도 있고 그렇게 해야 하는 것이 당연할 것이다.

나 역시 자식이 셋이나 되지만 사돈댁들과 다 원만히 오고가고 소통이 쉬운 것은 아니다. 댁마다 하는 일이 다르고 세시마다 안부 문안도 쉽지는 않았다. 사정과 여건 때문인지 전통의 잔재가 하루아침에 바뀌어지기는 쉽지 않은 것 같다.

그래도 다행인 것은 그중에도 무관하게 지낼 수 있는 사돈댁이 있어서 친구처럼 재미도 있지만 새로운 인간관계를 창조라도 한 것 같다.

이분들은 사고방식부터가 앞섰다고 해야 하나 기동력과 순발력이 대단해서 한 번씩 여행을 추진하면 우리도 합류하여 그때마다 우리는 사돈을 떠나 좋은 친구로 지낸 것이 정말 잊을 수 없었던 값진 경험이었고, 좋은 추억이 되었다. 바깥사돈께서 갑자기 건강에 이상이 있어서 미국으로 떠나게 되었다. 참으로 좋은 친구를 떠나보내는 아픔도 겪었으나 다행히 지금은 건강이 회복되셨다고 한다.

내 친구 안사돈은 외모도 미인이지만 유머가 풍부하고, 인품이 선하고 성격이 첫째 명랑했다. 그리고 사교적이어서 누구에게나 호감 가는 인물이었으니 나는 사돈의 그 점이 참으로 부러웠다. 우리가 이토록 막역한 친구가 될 수 있었던 것도 사돈의 사교성이 큰 몫을 했던 것은 자타가 공인했다.

내가 몇 살 위라고 날더러 '사돈 언니'라고 불러주는 위트까지 보여주니 나는 꼼짝없이 코가 꾀어 자격도 없이 언니가 되고 말았다. 이 정도니 자연히 친할 수밖에, 예의를 갖추거나 어색한 사돈 사이 같은 것은 애초에 정리해 버릴 수밖에 없었다.

그래서 우리는 무관한 사이라고 할까. 막역한 친구가 되었다. 나는 같이 다니면서 안사돈, 아니 사돈 동생의 그 명랑하고 활동적이고 사교적인 면이 너무 마음에 들었고, 뛰어난 리더십까지 겸비한데다 판단력 또한 정확히 빨라 해결사 역할도 얼마나 잘했는지.

이것 말고도 친할 수 있는 조건은 몇 가지가 더 있었다. 첫째는 친한 내 동창이 자기 직장 동료의 딸을 소개해서 우리는 사돈이 되었지만, 그 친구와도 함께 더 잘 어울려 계속 친구가 될 수밖에 없었다.

둘째는 사돈 간이지만 만나면 서로 허물없이 집안일을 솔직히 털어놓으니 격이 있을 수가 없었다. 우리는 어느 편도 없이 이제만큼 내 딸이니, 네 아들이니, 내 며느리니, 네 사위니 할 필요도 없고 내가 잘났느니, 네가 잘났느니, 가릴 필요는 더더욱 없고 자식들의 문제는 자식들의 몫일 뿐이었다.

셋째는 바깥사돈끼리도 이상하게 죽이 잘 맞았다. 이건 매우 중요한 문제인데 천생연분은 꼭 부부의 인연에만 해당

되는 것이 아니었다. 친구 사이에도 존재한다는 사실도 알게 되었다.

지금도 유머가 풍부한 안사돈은 국제전화를 할 때마다 사돈 언니 보고 싶다고 빨리 오라고 한다. 목표는 아들네가 아닌 자기 집으로 정하고 오라는 것이다.

아마도 지난날처럼 여행 마니아의 꿈을 다시 살려 보자는 것 같은데 우리 두 집 가족이 멋지게 어쩌면 인생의 마지막이 될지도 모르는 여행. 아메리카 대륙이라도 다시 훑어보자는 것 같은데 아직 구체적인 계획은 밝히지 않아도 마음 맞는 친구끼리 멋진 추억을 만들자는 고맙고 행복한 초대가 아닌가.

더 늙기 전에 얼른 용단을 내려야 할 것 같다.

아 몇 년만 더 젊었어도 우리는 건강했고 당장 짐을 꾸리고 간단한 여행 복장을 장만하고 새로운 여행의 환상으로 행복했을 텐데. 언니 노릇도 한번 멋지게 하면서.

인생의 골든타임

여느 때와 다름없이 아침 식사를 마치고 차를 마시던 남편이 갑자기 가슴이 아프다고 했다. 일찍이 중병을 치른지라 항상 건강에는 남다른 관심을 가지고 노력하는 편이기는 하지만 별로 건강체라고는 할 수 없어도 그동안 운동도 계속했고 식사와 생활 패턴이 비교적 바른 편이었다. 그 덕인지 혈압도 정상이고 그 흔한 당마저도 별 이상이 없으니 성인병에 대해서는 별로 신경을 쓰지 않고 있었다.

그것도 오른쪽 가슴이라니 혹 지난밤에 옆으로 잘못 자서 그렇지 않을까. 하면서도 미심쩍어 혀 밑에 넣는 비상약 한 알을 우선 넣게 했다. 그래도 얼굴빛은 긴장한 것인지 핏기

없이 계속 불안해하는 것 같았다.

"응급실로 갑시다. 운전할 수 있겠어요?"

다그치니 고개를 흔드는 폼이 매우 심각해서 더욱 놀라지 않을 수가 없었다.

얼른 119에 연락하고 옷을 갈아입는 둥 급히 내려갔더니 곧바로 구급차가 도착했고 환자를 비상 침대로 옮겼다. 출발하면서 차 안에서 간단한 응급조치가 이루어지기 시작하는데 보는 내 마음도 조급했지만, 구급차 식구들도 마찬가지였다. '엥엥' 소리를 내면서 신호도 무시하고 다른 차들의 양보를 받으면서 병원에 도착했다. 이미 연락을 받은 병원은 곧바로 몇 가지 점검을 시작하면서 조금만 더 늦었으면 사망할 수도 있다고 당장 수술실로 옮겼다.

시간을 다투는 전쟁이었다. 사투가 벌어진 셈이다. 시간 싸움이란 말이 바로 이런 것이었다. 당황해서 도착 시간도 기억나지 않고 지금 생각하니 꿈을 꾼 것처럼 그저 광풍이 몰아치고 간 것 같았다. 우리가 살고 있다는 것은 지구가 멈추지 않는 한 시간 속에서 존재할 수밖에 없지만 그렇다고 지구가 멈출 리는 더더욱 없을 것이고.

이번 일을 당하고 보니 시간은 어떻게 쓰느냐가 참으로 중요한 관건이었다.

나는 나에게 주어진 일생을 통해서 그 많은 시간을 어떻게 쓸 것인가를 특별히 생각해본 적도 없지만 잘 쓸려고 연구하거나 노력할 필요를 느껴본 적도 한 번인들 가져 보기나 했던가. 생각도 나지 않는다. 시간은 그저 흘러가는 것인 줄로만 알았다. 지나고 난 다음 속절없는 세월이라고 결론을 지어 보는데 과연 합당한 답이 될 수 있는지 모르겠다.

지난날 시간에 쫓기면서도 늘 마음에 여유를 갖고 시간을 지켰던 것은 이 또한 몸에 밴 생활 습관이 시간을 유용하게 이용하지 않았나 싶다. 그러나 운명도 시간이 좌우할 수 있다는 새로운 경험을 할 수 있었다. 만약 그날 아침 남편의 징후를 잘 판단하지 못해서 침대에 편안히 뉘어 안정을 취하게만 했다면 시간은 나에게 아니 우리 부부에게 어떤 판단을 내렸을까. 우리의 운명도 또 다른 벼랑을 맞아야 했을 것이다.

흥남 부두에 배 떠나는 시간만 맞췄어도 일생을 남북으로 헤어져 살아야 하는 이산가족이 되었을까. 시간이 작용한 운명이 아닌가. 시간은 시간 자신의 역할만 했을 뿐인데, 그렇다, 시간을 원망하는 것은 아니다. 다만 골든타임이란 것이 있을 뿐이다. 그렇다 중요하든, 안 하든 시간은 운명임이 분명했다.

째깍째깍 시계 소리는 창조와 몰락의 기로를 정하기도 하고 괴로움도 잊게 하는 세월이라는 명약의 효과도 있기는 하지만 소멸과 탄생의 역할도 결국은 다 시간이었다.

내가 남편과 함께 이번에 겪은 시간은 시간 중에도 골든타임이었다고 하니 처음에는 그런가 하고 아무 생각도 나지 않았는데 시간이 가면 갈수록 다시 생각하면 할수록 무섭기도 하고 아찔하기도 하다.

이제는 감사할 일만 남았는데도 그때 잘못 생각했으면 지금쯤은 산에 가서 누워 있을 수도 있다는 생각을 하니 참 삶과 죽음의 기로는 무엇일까.

사랑하는 연인들은 만나는 시간을 10분 내로 정했지만, 우리 늙은 친구들도 약속 장소에 5분 지각은 용서는 되어도 환영받지는 못한다. 더구나 지금은 옛날이야기가 되었는지는 모르지만 학생이 지각하면 벌까지 받아야 했다.

시간을 지킨다는 것은 인간 생활의 기본이다. 더욱 생명은 1분 1초를 다투고 생사의 크나큰 운명을 결정하는 골든타임도 있다. 내가 골든타임을 누렸다는 것은 다 하나님의 크신 은혜라 한없이 감사하고 있다. 치료를 잘 받았고 더구나 획기적이고 최고 수준의 현대의학의 발전된 의술을 누릴 수 있었기에 사선을 넘어 무사히 생명을 보전할 수 있었음에는 감사의 표현을 어떻게 더할 수 있을까.

자식들을 많이 놀라게 했고, 바쁜 손자들까지 달려오고 또 멀리서 화상통화로 "할아버지 죽으면 안 돼요." 울면서 소리 지르던 모습들이 감동도 컸지만, 그들이 있었기에 더 뜨거운 삶의 의욕을 다시 강하게 해준 것 같았다.

가는 세월만 원망할 것이 아니라 살아 있는 동안 귀중한 시간을, 좋은 방향으로 이용하는 것도 인생의 골든타임이 아닐까.

(2019. 11)

하늘 그네

얼마 전에 123층 건물을 답사했을 때 하늘 여행을 하고 왔다고 소회를 털어놓은 적이 있었다. 세상은 갈수록 고공 건축을 쌓고 하늘 다리를 놓고 번지 점프 같은 스릴을 강요하듯 하늘을 향하고 있었다.

제작하는 자나 이용하는 자 모두의 바람은 수요와 공급의 균형으로 이루어지는 것이니까. 요즘 서울 시내 곳곳에도 새로 짓는 비싼 아파트 역시 첨단 고층이 일반화가 될 정도로 올라가고 있다는 것은 다 그런 선호도의 원리가 작용한 것 같다.

땅값 비싼 좁은 지상에서 넓이를 다 충족할 수 없으니 하늘 공간을 이용하기 위해 점점 하늘을 향해 위로만 차오를 수밖에 없는 것은 인간 본연의 발로라고 볼 수밖에 없다.

하늘다리를 걸어 보면 무서운 긴장감은 물론이고 말로는 다 표현할 수 없는, 심장은 터질 것 같다. 못해 곧 마비되거나 멈추거나 굳어버릴 것 같은데도 그 짜릿한 맛에 휩쓸려 즐기다 보면 단련이 되는 건지, 간이 커지는 건지 재미도 있고 또 기회만 있으면 서슴없이 나서는 것을 보면 나에게도 내가 모르는 잔인함이 기저에 깔린 것은 아닌가 싶기도 하다.

제일 처음 하늘 출렁다리를 외국에서 체험했을 때인데 혹 잘못되어 사고라도 난다면 이렇게 멀리 와서 다시는 집에 돌아가지 못할 것을 생각하니 무모한 내 행동을 얼마나 후회하면서 울었던 웃지 못할 기억도 생생하다.

요즘 며칠 동안 아파트 유리창을 청소하고 외벽을 다시 도색한다고 일꾼들이 25층 외벽에서 마치 하늘 그네를 타기라도 하듯 까마득히 매달려서 작업을 하고 있다. 사실 그네 타는 그들 작업이 얼마나 위험하다는 것은 말할 것도 없고, 그 고난도가 생명을 걸고 하는 도전이 아닌가. 이토록 위험한 작업임에도 불구하고 그들의 얼굴 표정은 하나같이 근엄했다.

작업에 임하는 태도가 자신감과 당위성을 입증이라도 하듯 매우 당당하고 어쩌면 위대해 보이기도 했다.

그들은 그냥 그네 타는 기분일까? 정말 무섭지 않을까? 장비는 충분히 안전한가. 옥상에 고정시켜 놓은 장치는 믿을 만한가. 그들의 몸을 안심하고 맡길 수 있도록 확실히 점검했을까? 어떤 경우에도 실수라는 변명이 없도록 말이다. 저들에게 위험수당은 충분히 책정되었는가.

우선 보기에는 가느다란 밧줄에 의지해서 한 발씩 한 발씩 작업을 마무리까지 해 가면서 내려오는 고난도 작업인 만큼. 쳐다보고 있는 내 마음은 말할 수 없이 불안하고 안쓰러워 그저 무사히 사고 없기를 빌었다. 내가 일찍이 겪었던 집에 다시 돌아가지 못할까 봐 울었던 그때 그 심정이 가슴 아프게 떠오르면서 나를 다시 울컥하게 했다.

'제발 무사히 작업을 끝내고 저들을 집으로 돌아가게 해 주세요. 사랑하는 가족이 기다리는 그들의 보금자리로.'

세상에는 직업도 다양하고 살아가는 방식 역시도 가지각색이다. 이것이야말로 인간의 모습일 것이다. 그 다양함이 각자의 자리에서 이 사회를 가장 건강하게 할 수 있는 원동력이 아니겠는가.

그들의 궁극적인 목적은 하나같이 인간의 가장 기본인 가정과 가족을 지키는 위대한 사명감으로 저토록 당당하고 용기 있게 자신감으로 무장된 것 같다. 제발 무사히 마치고 사랑하는 가족이 기다리는 보금자리, 그 가정에서 행복하길 바랄 뿐이다.

불법과 거짓이 공공연하게 판을 치고 흙수저와 금수저의 구분이 확실하고 온당치 못함이 백일하에 드러나도 후안무치로 국민을 속이고 무시하는 지도자들의 행태는 우리를 한없이 슬프게만 하는데 맡은 일에 정직하고 묵묵히 노력하는 저 아슬아슬한 그네에 매달린 모습이 오늘따라 너무도 훌륭하게 보였다.

몇 해 전 63빌딩에 밧줄을 타고 유리창을 닦는 일이 그 때만 해도 생소한 때였는데 기자가 한 근로자에게 가장 어려운 점을 물었을 때 바람이 세게 불지만 않으면 일하기 쉬울 것 같다고 대답했다. 원망하거나 불만보다는 자기 일을 사랑하는 진실함이 보였다. 그렇다, 지도자들의 사악한 바람만 그친다면 국민들은 자기가 맡은 일에 더 충실할 것이고 그리고 따뜻한 행복을 누릴 수도 있지 않을까.

(2019. 10)

윗물이 맑아야
아랫물이 맑다고?

복잡한 도시 한복판에서 119구급차가 앵앵 다급한 소리를 내면서 막힌 도로를 힘겹게 뚫듯이 지나가는 것을 볼 때마다 안타까웠다.

그건 그래도 다행이다. 차들이 옴짝달싹도 못 하게 막혀 비켜 줄 수도 없는 길에 119구급차의 애간장 끊어지는 절규 같은 소리를 들으면 차 안에 경각을 다투는 생명이 몹시도 걱정되서 나도 모르게 기도가 절로 나왔던 적도 있었다.

'하나님 저 목숨을 지켜주세요. 하나님께서는 꺼져 가는 등불도 끄지 않으시고 상한 갈대도 꺾지 말라고 하셨는데 상한 저 갈대를 제발 꺾이지 않도록 도와주세요! 꺼져 가는

저 등불을 살려 주세요.'

남의 일이 아니었다. 살다 보니 그 119 응급차를 우리집에서도 이용해야 하는 급박한 사정이 생겼다. 물론 너무 위급해서 119를 불렀는데 전화를 받는 쪽에서 벌써 우리집 위치와 아파트 동 호수까지를 확인하는데, 아니 이럴 수가 세상에 이런 기막힌 일이, 촌각을 다투는 생명 앞에서 이보다 더 빠르고 세심한, 준비된 손길이 또 어디 있단 말인가.

꼭 성경에서나 읽었던 예비된 계획이었다. 항상 만반의 준비를 갖추고 생명 하나하나를 불꽃같은 눈동자로 지키고 있었다는 사실. 119의 준비된 위대함에 탄복할 만큼 고맙고 놀라지 않을 수가 없었다. 감사하기도 했지만 크나큰 은혜로 가슴이 터질 만큼 뭉클했다.

무신론자이며 철학자인 사르트르 역시도 우리 인생을 던져진 인생이라고 하지 않았나. 고마움을 넘어 아 우리가 살고 있는 이, 사회에 우리가 그냥 아무렇게나 무관심하게 던져지듯 살고 있는 것은 결코 아니었구나!

갑자기 모국(母國)이라는 단어가 따뜻하게 가슴으로 차오르는 것 같았다. 모국은 그저 나를 낳아준 나라이기 이전에 엄마라는 표현이었다.

우리 엄마가 우리를 걱정하고 포근히 보듬어 주셨듯이,

지금은 엄마도 가시고 없는 세상을 모국의 더 큰 배려가 엄마가 되어 지켜주고 보살피고 있었구나.

나라 잃은 사람들의 보트피플이 얼른 떠올랐다. 그들은 어쩌다 모국을 잃고 아니 버리고 무작정 망망대해에서 파도와 기근으로 난파하는 비참한 모습이 눈에 어른거리면서 너무도 눈물겨웠다. 엄마를 잃은 그들, 모국을 떠나야만 했던 그들, 그들은 왜 엄마를 잃었을까.

그토록 소중한 모국을 버릴 만한 이유가 있었으리라. 생각하면 할수록 119구급은 우리에게 엄마의 역할이었음이 고맙고, 감사했다.

모든 상황은 화장실 갈 때가 급하다. 급할 수밖에 없었다. 우리는 최선의 치료를 무사히 끝내고 말하자면 골든타임을 지킬 수 있었던 다행한 사실이 있었다. 며칠간 입원을 끝내고 이렇게 멀쩡히 집으로 다시 돌아올 수 있다는 꿈같은 감동에 사로잡혀 사방의 위로를 받으면서 행복한 시간을 갖게 되었다.

하루하루를 보내면서 물론 119의 민첩한 봉사에 감사했다. 그렇다면 퇴원하는 즉시 곧바로 갈 곳은 집이 아니고, 소방서 응급 119로 찾아가서 귀한 생명을 구해 준 그분들에게 감사의 인사를 하는 것이 당연한 것이 아닐까.

어제도 핑계가 있었고 오늘도, 내일도 이유가 있었다.

직접 가서 찾아보고 감사한 인사를 일주일째 미루고 있었다. 그렇게 고마움을 갖고만 있기보다 직접 고맙다는 인사를 하지 않고는 내 한구석에 있는 양심 같은 것이 있었는지 무척 괴로웠다.

우선 껍질을 까기가 편리한 귤과 음료수를 사들고 갔다. 우리를 직접 태워주신 분들은 출동 중이어서 안 계시고 몇 분들에게 감사를 드리고 작은 준비한 것을 내놓았다.

와 주신 것은 고맙지만 이런 것을 갖고 오면 안 된다고 당연히 자기들이 할 일을 했을 뿐이라고 하면서 한사코 차 안에 귤 상자를 다시 갖다 넣고 결백하기가 한 사절단이었다.

'어디 귤이 뇌물이겠어요.' 너무 보잘것없어서일까. 부끄럽기도 하고 무안하기도 했다. 그냥 쉬는 시간에 간단히 잡수시라고 마련한 것인데 어쩌면 인정 없는 사람들로 보였지만 자기네들은 극구 마땅히 할 일이라고 강조를 하니, 돌아오는데 정말 세상이 깨끗해진 것인가.

우리나라에도 이렇게 깨끗한 곳이 있기는 있구나. 우리를 지켜주시는 분들은 특별한 소명감으로 일하고 있음을 보여줘서 살만한 세상을 보고 온 것 같았다.

높은, 아니 권력이 있는 곳에서 일하시는 분들 주변은 왜 항상 뇌물이니, 청탁이니, 투기, 위장, 면제, 특혜, 부조리 등 온갖 나쁜 말들만 난무할까.

그럼, 여기는 도대체 어디란 말인가. 낮은 곳인가. 이웃 동네인가. 딴 세상인가. 이런 청정지역도 있기는 있구나.

윗물이 더러워도 아랫물은 이렇게 맑을 수도 있단 말인가.

그늘이 되고 싶다 너에게만은

생각해보니 벌써 십 년이 훌쩍 넘었다. 심장 전문의에게 진료를 받으러 다닌 세월이다. 지금은 건강하고 별 증후도 없을 뿐만 아니라 혈압도 지극히 정상이다.

이제는 그만 다녀도 될 것 같다고, 물론 스스로 한 판단이지만 몇 번이나 의견을 내도 남편은 계속 다녀야 한다고 막무가내 고집이다.

자라 보고 놀란 가슴 솥뚜껑 보고도 놀란다더니 그때 원인 모르게 쓰러져서 식구들을 크게 한번 놀라게 한 적이 있었다.

응급실까지 실려 가는 난리를 쳤는데 가는 도중 벌써 멀쩡

해졌고, 명확한 원인도 없었고 곧바로 정상으로 돌아왔는데도 지금까지 계속 병원을 다니고 있다.

그동안 많은 검사와 관찰을 했지만 별 이상은 한 번도 나타나지 않았다. 그런데도 십 년이 넘도록 주치의마저 항상 다음 진료와 날짜를 예약해 주었다.

처음에는 3개월마다 진료였는데 지금은 6개월에 한 번씩 계속 진료와 혈압약을 처방 받고 있다. 이제는 별다른 일도 없고 하니 혈압약 정도는 동네 의원한테 처방을 받겠다고 해도 벌써 그 세월이 10년을 훌쩍 넘겼다.

십 년이면 강산도 변한다는데 사실 그동안 제일 변한 건 남편이었다. 보행이 불편할 정도로 쇠약해졌는데도 우리는 한 번도 거르는 일 없이 진료를 받으러 다니고 있다.

오늘따라 날씨도 더운데 병원은 사람으로 거의 인산인해라 할 정도로 붐비었다. 역시 명의로 정평이 나 있는 병원은 달랐다. 그렇지 않고서야 이렇게 모여들 수가 있을까 싶었다.

그런데 병원 건물에 크게 내 걸린 현수막의 글귀가 예사롭지 않았다. 「그늘이 되고 싶다 너에게만은」 읽는 순간 금방 가슴이 싸해졌다. 다시 음미해 보는데 이 글귀는 늙은 나의 보호자의 하소연이 아닌가.

내가 그렇게 이젠 다닐 필요 없다고 오만을 떨어도 '이 나이에는 건강해도 정기적으로 주치의의 진료를 받는 것이 안심할 수 있는 생활 수칙의 하나'라고 했다.

십 년 전과 달리 건강도 예전 같지 않은 상태에서 가족이라는 책임으로 그늘이 되어야겠다는 생각하고 있는 것 같았다. 글귀도 그렇고 지금까지 고집이라고만 생각했던 남편의 속마음을 헤아리니 코끝이 찡했다.

그늘이 되어주고 싶어서 그렇게 막무가내로 우겼던 것인가.

지금 우리는 늙었다 하기보다 벼랑 끝에서 황혼을 지나는데, 누가 누구에게 그늘이 되고 안 되고 따질 것 없이 둘 다 그늘이 필요한, 아니 갈급한 시점인지도 모른다.

오늘 아침만 해도 집을 나설 때 빗물이 묻은 대리석 바닥이 미끄러워 남편이 힘없이 넘어졌는데 다행히도 괜찮았다. 아찔한 순간이었다. 실은 항상 살얼음판이라 해도 과언이 아닐 정도가 된 것이다.

정말 그늘이 필요한 자는 내가 아니라 남편 자신이었다.

병원에서 복잡한 수속이며 왔다 갔다 절차를 으레 다 감당하는 것은 물론, 의사와의 상담 등 지시 사항을 면밀히 체크하는 것은 보호자로 아직은 그 활동이 노인 같지 않게 행동하고 있어 그나마도 다행이다.

항상 이제 괜찮으니 진료 그만 받겠다고 떼만 쓰면서 그 깊은 뜻을 헤아리지 못했다.

우리가 앞으로 얼마나 그늘이 되고 서로에게 보호림이 되어 보살필 수 있을까.

「그늘이 되고 싶다 너에게만은」

이 글귀는 씩씩하고 젊고 능력 있는 자의 외침은 아닌 것 같다. 힘없고 늙었고 약한 자의 '너에게 만이라도' 하는 간절한 심정으로 더 이상의 여력이 있을 수 없는 자의 부르짖음이 역력했다. 지금 나의 보호자처럼,

어쩌면 가장 힘없는 자의 소망 같은 애원으로, 지팡이를 짚은 한 노인이 바라는 소망이 틀림없었다.

황혼을 걷는 우리에게 가슴 저린 호소로 다가왔다.

「그늘이 되고 싶다 너에게만은」

(2018. 7)

남향(南向)

새해라고는 하지만 음력으로는 섣달로 접어든 단대목이 코앞에 다가온 셈이다. 예부터 세밑 추위는 다리 밑에 까치가 얼어 죽었다는데 악명 높은 동장군의 위력은 대단했던 것 같다.

섣달이 아홉이라도 푸근하지 않았다는 어머니의 푸념 같은 회상은 한 해를 마무리하는데 섣달 한 달 가지고는 어림없을 정도로 모자라는 일의 양이 아니었을까.

끝도 없는 일이 얼마나 쌓이고 쌓였으면 섣달을 아홉 번도 모자란다고 했을까. 그래도 그 시절 여인네들은 그 일 다 하고 설을 맞았을 것이다.

그 추위에 고생하시면서 그 어려움을 이겨 내신 어머님들 세대는 생각만 해도 장하고 존경스러웠다. 오늘따라 어머님이 진정으로 그립고 보고 싶다.

우리 어머니는 제도적인 공교육을 받은 적도 없는데 생각해보면 내 글의 바탕이라고 할까. 글감은 어머니로부터 근원이 되었음을 생각하지 않을 수가 없다.

오늘도 그리운 엄마 생각을 하니 자연히 추억이 밀려오는 것은 당연할 수밖에 없다. 엄마는 영원한 내 인생의 스승이요, 멘토임이 분명하다.

사실 요즘 일은 일이라고 할 것도 없지만 추위도 그때만 할까. 좋은 난방에 따뜻한 패딩 잠바, 코트 푹신한 털신 모두 눈 속을 굴러도 견딜 만할 텐데, 춥다고 호들갑들은 대단하다.

교통수단은 또 얼마나 편리하냐. 버스 전철만 해도 안방 못지않게 난방이 잘되어 있다. 그 옛날 엄동설한에 몇 십리 길도 걸어야 하는 죽장 나그네 행구는 괴나리봇짐에 내복도 여의치 않았을 텐데. 짚신에 버선은 금방 떨어져 목고레*로 발은 또 얼마나 시렸을까. 얼마나 추웠을까.

살을 에인다는 말이 그냥 나왔겠나. 수염에 고드름 달린 이야기 하며 문고리가 쩍쩍 달라붙고 자고 나면 윗목에 떠놓은 자리끼 물 사발이 얼어 터졌다는 옛이야기들은 재미에 앞서 처참한 그 시대 가난한 조상들의 눈물겨운 생활사였다.

지금은 단군 이래 가장 풍요한 삼만 불 시대를 맞았건만 다들 만족하고 행복할까, 우리는 또 어떤 고민이 있을까.

삼한 사온이 정겨웠는데 지구 온난화로 여름은 극심한 폭염으로 달구어지고 겨울은 한파로 계속 얼음 왕국이 되고 있다. 이 모든 것이 그냥 자연의 현상인지 아니면, 인간이 저지른 잘못된 습관이나 과오로 폐허 일로의 지구가 되었는지 모른다. 기상학자들의 예측이 지구라는 행성도 머지않아 생명이 살 수 없는 불모지가 될지도 모른다고 하니 참으로 무서운 생각이 든다.

모든 것은 원인이 있으면 규명해서 개선의 방법도 있으련만… 세계 도처에서 일어나는 끔찍한 자연재해는 말할 것도 없다.

최근 미국에서도 내가 아는 분이 당한 눈 얼음 섞인 산사태가 쓰나미처럼 덮쳐 주택은 물론 인명까지도 한순간에 잃어버리는 재앙이 있었다. 속수무책으로 당하기만 한 것을 보면 무섭기도 하고 언젠가 닥칠지도 모르는 불확실한 미래가 불안하지 않을 수가 없다.

지구는 우리가 후손들에게 물려줄 아주 소중한 자산이니

잘 보전해서 물려주어야 할 것이다. 이것만은 우리의 과제이고 막중한 책임임을 알아야 할 것이다.

나는 종일 햇볕이 자랑자랑한 거실에서 추위를 모르고 싱싱한 화초를 바라볼 수 있다는 것이 얼마나 감사한지. 유리창을 통과한 볕이지만 집 안까지 따뜻하게 해주는 남향은 옛말에도 삼대가 적선을 쌓아야 누릴 수 있는 복이라고 했다. 정말 조상의 은덕이 아니고 이런 따뜻함을 누릴 수 있을까. 너무도 감사하지 않을 수가 없다.

생각해 보면 감사한 것이 어디 한두 가지던가. 어디서부터 시작해야 할지도 모를 만큼 팔십 평생을 넘기도록 수 없는 고마움은, 오늘 이 따뜻한 남향이 내게 더욱 감동으로 다가왔다.

지금의 나를 있게 해주신 먼 윗대 조상님들도 존경해 마지않지만 고향을 지키시던 할아버지, 할머니 모습이 오늘따라 가슴 저리게 선하다. 사랑하는 부모 형제야 더 말할 것도 없이 내 인생에 가장 많은 영향과 사랑의 결정체였으니 그립고 보고 싶은 마음을 어찌 말로 다 표현할 수가 있을까.

또 그토록 기쁨과 희망을 안겨준 자식들도 이제는 다 저들의 길로 떠나갔다고 하는 것이 맞을 것이다. 무엇보다도 고마운 것은 그들이 얼마나 든든한 울타리인지 이 또한 감사하다.

행복 제조기 손자들은 비록 짝사랑의 대상들이지만 사랑할 수 있는 확실한 대상, 목표가 있다는 것은 또 얼마나 가슴 뿌듯한 행복이냐. 사랑은 역시 주는 것임을 명확히 알려준 나의 손자들이다.

여기에 빼놓을 수 없는 나의 친구들 역시도 이제는 가족 못지않은 위로와 사랑의 대상이요, 의지할 수 있는 큰 힘이다. 그들은 아픔과 서러움 외로움을 다 녹여주는 명약 중에 명약이다. 건강을 염려하면서 노년을 즐겁게 보낼 수 있는 고마운 가족이 아닐 수 없다.

다들 내 인생길에 따뜻한 남향(南向)이 되어 이 엄동설한도 별으로 포근히 감싸주고 노년을 외롭지 않게 해주는 그 소중함은 어떤 귀한 보석이 이만할까. 고맙고, 감사하기가 그지없다.

*목고레: 양말이 없던 시절 버선을 신으면 바닥은 다 떨어지고 발등만 겨우 덮을 수 있었던 버선의 상태. 경북 북부지방 사투리.

6

하늘 여행

나무 서방을 얼싸안고

이게 얼마 만인가?

참으로 오랜만에 진주를 다시 찾으니 감회가 새로웠다. 그때 내 나이가 스물 중반은 되기나 했을까. 근무하던 같은 학교 선생님들과 남도를 한 바퀴 도는 여행 중에 진주를 들른 적이 있었다.

그때만 해도 요즘같이 여행이 그렇게 일반화가 되거나 편리하지도 않았는데 젊은 교사들의 획기적인 용기와 호기심에 의해 이루어진 그야말로 파격적이고 과감한 여행이었다.

부산까지 가서 바닷길로 배를 타고 갔는데 그때 그 봄 바다의 싱그러움은 지금까지도 잊을 수가 없다. 우리는 해군 도시 진해까지 가서 벚꽃을 구경하고 그다음은 가고파의 도시 마산까지 갔다. 다음 차례로 진주를 갔는데 처음에는 기차로 출발해서 배도 몇 시간씩 탔고, 버스도 타고. 지금 생각하면 매우 도전적이기도 했지만 재미있는 여행이었다.

가는 곳마다 호기심과 초행길에 대한 기대가 대단했다. 진주에 도착했을 때 청년들은 하나같이 논개가 자기 애인이라도 되는 것처럼 모두 연민의 정을 못 잊어 로맨티시즘에 빠진 듯했다.

'진주라 천 리 길을 내 어이 왔던가.' 애절하기가 꼭 논개 때문에 천 리 길을 찾아온 것 같았다.

지금 90대는 젊은 날이 요즘 젊은이들에 비한다면 삭막했다고 해도 과언은 아니다. 그들은 살기 위해 열심히 노력한 것 외 무슨 다른 생각을 할 여력이 없었으니까.

그들이 촉석루에서 술이 한잔 들어가니 자연히 분위기는 합창이 되었고 물론, 논개의 충절에 대한 경의와 존경이겠지만 노랫소리는 끝내 울먹이기까지 하면서.

'촉석루에 달빛만 나무 기둥을 얼싸안고'가 나중에는

'촉석루에 달빛만 나무 서방을 얼싸안고' 개사까지 하면서 목이 메던 그들 모습이 지금도 어제 일처럼 눈에 선하다.

그때 그 청년들의 순수했던 순정은 가히 로맨스가이었는

데 세월은 많이도 흘렀지만 나는 오늘 그들의 고뇌에 찼던 젊음을 다시 떠올리니 그리움에 앞서 가슴 저 깊은 곳에는 눈물이라도 고이고 있지 않나 싶다. 그때 총각 선생님들은 다들 어떻게 되었는지 60년 세월이 꿈결 같다는 말은 이래 두고 한 것 같다.

나를 유독 귀여워하던 Y선생은 지금까지 살아 있기는 할까. 나이가 다 나보다 5, 6년은 위였으니 구십 노인을 아직도 살아 있기를 감히 기대해 봐도 될지 모르겠다. 그림도 잘 그리고, 마음씨도 착한 훤칠한 키다리였는데 궁금하다.

나는 정작 내가 좋아하는 친구에게 여행하는 동안 계속 여행지를 소개하는 엽서를 써서 부치는 중이었다. 진주에 도착하니 우체통을 못 찾아 아침에 무작정 여관 앞으로 지나가는 어떤 청년에게 우체국을 물으니 자기가 우체국까지 가는 방향이라고 해서 다행히 맡길 수 있었다.

청년은 엽서를 받아 들고 그 자리에서 사연을 읽기 시작하더니 자기도 이런 글 한번 받아 보고 싶다고 하면서 자기와 펜팔을 하면 안 되겠느냐고 농담까지 했었다. 눈이 서글서글하고 친절했던 진주 청년도 그리울 만큼 생각난다.

그 청년은 아직도 진주에 살고 있기는 할까. 청년도 지금은 많이 늙었겠지. 남강이 어디 흐르기를 멈춘 적이 있었겠나.

다시 진주를 찾으니 발전되고 세련된 진주 거리보다 그때 그 시절, 지난날 진주에서 한 장면의 추억이 아름다운 엽서처럼 한 장씩 떠올랐다.

세월은 속절없지만 나는 다시 진주에 와서 아직도 아름다운 마음의 엽서를 만지작거리면서 추억을 헤매고 있다. 별것도 아닌 서툴렀던 싱그러움이 어찌 그리도 그립고 아름다운지.

지금은 잘 정돈되고 도시화 되어 몰라보게 새로운 진주로 변해도, 그저 그 촌티 나고 불편했던 그 옛날 촉석루가 그때 젊은이들에게는 더할 나위 없는 낭만의 사연이 아니었을까.

그리운 추억은 속절없는 세월 탓인지 애달프기만 하구나.

'진주라 천릿길을 내 어이 왔던가.'

단 한 번의 여행

나이 들면서 아니 늙어 갈수록 시간이 빨리 간다는 것은 이해가 안 되었다.

젊은 시절에는 할 일도 많고 놀 일도 많고 가정이나 사회나 직장에서 한창 활동이 필요했으니, 얼마나 시간이 아까웠으면 정말 하루 24시간이 모자란다고까지 했을까.

돌이켜 보면 젊음은 과연 치열하기도 했지만 아름다운 시절이었던 것 같다.

그렇다면 시간은 젊은이에게 더 빨라야 하는 것이 아닐까. 이해가 안 되면서도 실지로 요즘 내가 겪는 시간은 월요일인가 했는데 아니 눈 깜짝할 사이에 벌써 주말이고, 새

달인가 싶으면 벌써 월말이다.

그뿐인가 봄이 오는가 했는데 개나리는 벌써 꽃을 정리하고 잎을 파랗게 내밀고 있으니 정말 시간은 달리는 정도가 아니라 날아가는 수준이라고 봐야 할 것 같다.

백구과극(白駒過隙) 흰 망아지가 빨리 달리는 것을 문틈으로 본다는 것인데 지나고 보니 그렇게 과장된 것만은 아닌 것 같다.

오죽하면 인생 속도가 60대는 60km, 70대는 70km, 80대는 80km가 인생 시속이라고 일반적인 상식이 되었을까. 그럼 100살에는 100km, 아 어지럽다. 정말 그럴 수 있을까.

지금의 내 생활을 봐도 주중을 직장에 매인 것도 아니고 그렇다고 가정 살림에 눈코 뜰 새 없다면 그것은 당연히 얼토당토않은 말이 될 것이다.

연일 되는 봄추위 때문에 꼼짝않고 집에만 박혀 있어 봐도 벌써 한 주일이 눈 깜짝할 사이에 후딱 지나가 버렸다. 보통 때는 잦은 외출이 돌아서면 주말을 불러오는가 했는데 그것도 아닌 것 보면 이해할 수 없는 방정식이었다.

사실 조용한 두 식구 대화지만 그 속에도 항상 빠른 세월은 감지되고 있었다. 아니 벌써 주말이네!

이번에는 분리수거 놓치지 말아야지, 관리비 등 자동 이

체가 된 것은 그래도 다행이다. 아니었으면 연체료도 많이 물었지 않았을까 싶다. 병원 가는 날도, 복용하는 약도 자주 잊는다. 단지 건망증만은 아닌 것 같다.

아들이 전화 오는 날은 매주 화요일 오전 9시이고 대구 시숙한테는 매일 아침 7시에 전화하는데 그 시간도 잊을 때가 자주 있다.

매일 하는 일 말고도 일주일 동안 정해진 날짜들이다. 별일도 아닌데, 그냥 놓치기 일쑤다. 시간마저도 이해할 수 없을 만큼 빨라 이 날개 달린 세월을 감당할 수가 없다.

정말 생활이 재미가 있어서 옥루몽(玉樓夢)에 나오는 주인공 양창곡(楊昌曲) 정도나 되면 모를까. 입신양명(立身楊名)해서 모든 것을 다 이루고 갖췄으니 생활 하루하루가 얼마나 재미있었으면 이 문을 열어 보면 꽃이 만발하고, 저 문을 열면 벌써 녹음이 우거지고, 이쪽 문을 열었다 하면 단풍이 절정이고, 저쪽 문을 열었을 때는 벌써 백설이 분분했다.

이 정도 되면 세월이 화살 같다는 표현도 나올 법하지만 따지고 보면 지구의 자전 공전이 시간이고 세월이거늘. 지극히 자연적인 현상에서 우리도 재미에 푹 빠진다면 시간이 언제 그렇게 빨리 갔는지 모를 때가 있기도 하다.

그러나 그 반대로 재미가 없을 때는 시간이 가지 않아 주리를 틀 정도로 싫증을 내고 고역을 치를 때가 어디 한두 번의 경험인가. 그렇다면 나이 들면서 더구나 늙어서 재미있는 일이 많아졌단 말인가. 정말 젊은 날보다 더 재미있는 일이 많아서 시간이 빨리 갈까. 그럴 리도 없지만 그건 아닌 것 같다.

공원 벤치에서 종일 볕을 쬐는 저 늙은이들이 재미가 있어서 세월이 빨리 가겠나. 그건 그저 그들에게 앞으로 살 수 있는 날이 얼마나 남았을까.

하루하루는 그 살아 있는 날을 잠식해 가고 있다는 것을 자신도 모르게 계산이 되고 있는 것이 바로 세월의 빠름이라고 느끼는 것 같다.

말하자면 살아 있는 날이 오늘 하루가 줄어들었다는 강박관념에서 나온 표현일 것임이 틀림없다. 괜히 지구의 돌아가는 속도에 이상이 있을 리도 없을 것이고 젊었을 때는 양양한 앞날을 계산해 볼 일도 없거니와 젊음의 여유란 것은 아직도 무궁한 앞날이 있다는 자부심이었을 것이다.

그 젊음도 언젠가는 늙게 마련인데. 늙은이도 지난날은 젊음으로 찬란한 꿈도 있었고 희망도 컸으리라.

이제 와서 운동도 하고, 배우러 다니기도 하고, 친구도 만나고 하는 것은 매우 바람직한 노력이기도 하지만 어쩌면 그 모든 것은 지금의 자리를 지키려는 안간힘에 불과한 것 같다.

하루하루가 소모되는데 대한 강박감은 우리 자신도 모르게 쌓이는 자연 현상이 아닐까. 그래서 시간은 빨리 흘렀을 뿐이다. 나이가 들면 들수록 시속이 점점 가속화되는 것만 봐도 알 수 있다.

어쩔 것인가. 오늘 하루는 앞으로 살 수 있는 남은 날 중에 첫째 날이다. 출발 선상이 아닌가. 심판의 호각은 이미 불었고 이제 남다른 각오가 필요할 뿐이다.

가는 세월을 초조해한들 무슨 소용이 있겠나. 인생은 어차피 다시는 돌아올 수도 없는 단 한 번의 여행이라면서.

평범한 삶 그대로가

며칠째 마음먹고 주변 정리를 하면서 일기장부터 먼저 없애기로 했다. 책은 정리해 봤는데 그것도 전집부터 내다 버리고 돌아서니 금방 필요해서 후회를 많이 했다.

또 두고두고 볼 수도 있고 내가 읽지 않아도 이다음 아이들이 필요하면 읽게 책은 그냥 두기로 했다. 그때만 해도 일기장을 없앤다는 생각은 꿈에도 없었다.

일기장은 나의 보물이고 나만의 비밀 창고처럼 간직할 물건인 줄로만 알았다. 그러나 일기는 누가 보라고 쓴 것도 아니고 자리만 차지하니 당연히 없애고 떠나야 한다는 생각에 이른 것이다.

막상 결정하고 보니 섭섭하기도 하고 허전한 것이 마음이 편치는 않았다.

모두 꺼내서 한 번 훑어보니 지난날 나의 낙서 같은 인생이 고스란히 담겨 한 권 한 권 읽다 보니 생각보다 재미도 있고 손에서 놓을 수가 없었다.

추억 속으로 빠져들다 보니 웃음이 나오기도 하고 눈물겨웠던 일이며 고민하고 속상했던 일 등 어려움도 많아 절절한 고백이 애처롭기도 했다. 또 행복을 꿈꾸며 앞날을 구상한 점 등 각오들이 갸륵해서 거의 밤을 밝히다시피 푹 빠져버렸다.

내가 도대체 뭣 하는 짓인지, 뒷걸음질하는 건지 다른 할 일도 많은데 시간도 시간이지만 눈이 너무 피곤했다. 청소하는 기분으로 시작했는데 되레 과거의 먼지 속에서 뒹굴며 애꿎은 시간만 허비한 것 같았다.

그래도 잠시나마 지난날을 돌아보고 어려움도 잘 참은 나를 칭찬할 수 있었던 시간을 낭비라고만 할 것은 아니었다.

이번에는 아들한테 온 편지 뭉치를 발견했다. 사실 아들의 물건은 뭐든지 간직하고 싶어 모아 둔 것이다. 첫사랑 여자친구가 쓴 예쁜 편지들은 너무도 풋풋한 사랑을 아름답게 담았기에 또 밤을 새우면서 탐독했다.

꼭 자신의 연애편지를 읽는 기분이었다. 아니 이토록 솔직하게 사랑을 고백할 수 있는 편지 한번 못 써본 나는 부럽기까지 했다.

일기나 편지를 모아 두었다는 것은 미련 때문이거나 소중해서였을 것이다.

세월이 가고 보니 이제는 일기도 허접쓰레기처럼 버려야 하고 편지도 마찬가지다. 우리에게 더 중요한 것은 있기는 있을까. 그것이 과연 무엇일까.

소중했던 나의 비밀 창고도, 아들에게 첫사랑을 고백한 순정도 다 눈물겹도록 아름다워 간직했건만.

나는 지금 어떤 판단도 확실하지 않아 밤을 새워 가면서 읽고 그저 자신에게 입력해 두는 것인지도 모른다. 그래도 살아 있는 동안만은 유효할 것 아닐까 해서.

생각하면 나에게도 처음 받아 본 연애편진지는 잘 몰라도 중2 땐가 편지를 받고 들킬까 봐. 아무도 모르게 찢어 버렸던 일이 있었다.

또 시집가기 전날 모아 두었던 모든 편지를 모조리 불태워 버렸던 그때의 행동이 이제 생각하니 너무도 잘한 일이다. 만약 지금까지 보관했다면 귀한 것이 되어 나는 다시 밤을 밝히면서 읽어야 할 것이고, 또 없애야 하는 고민에

싸일 텐데….

생각할수록 그때 없애 버린 것이 얼마나 잘한 일인지 고맙다. 평범한 삶 그대로가 좋다 깨끗하게 정리하는 것이다.

하늘 여행

아름다운 한강이 그림처럼 펼쳐진 전경은 123층 하늘 여행을 더 멋있게도 환상의 날개를 달아 주었다.

멋은 창조될 수도 있지만 찾아낼 수도 있는 것이 멋인 것 같다. 또 실용에 덧입힌다면 그 가치와 진가는 몇 배로 빛날 수도 있고 상상을 초월하는 파급 효과까지는 무궁무진할 수도 있을 것이다.

소금이 음식 맛을 좌우하듯 첨단 과학에도 멋이 첨가되었다. 새로운 생명과 매력으로 다시 탄생할 수 있는 걸 보면, 멋과 매력은 창의와 기지가 높은 안목도 한몫할 수 있지만 최종의 귀결은 다 예술이었다.

아름다움도 위대함도 다 그 다양한 여건에서 수용이 되고 새로움으로 창조되니 말이다.

가기 전에 이미 123층 타워에 대해서는 기초적이고 상식적인 지식은 대강 갖고 있었지만 실지로 답사하면서 느낀 것은 놀라움의 연속이었다.

인간의 능력은 과연 어디까지일까. 그 한계 다음에는 반드시 신(神)의 영역인가?

인간이 범접할 수 없거나 인간의 능력으로는 불가능할 수 있는 것이 과연 있기는 할까? 불가능은 이미 시대 지난 유물 같은 단어가 된 것은 아닌지.

200여 년 전 나폴레옹도 '내 사전에는 불가능이란 단어는 없다.'라고 설파한 것이 맞는 말인지도 모른다.

세상에는 다반사처럼 일어나는 것 중에도 아름답거나 편리하거나 신기한 것들은 모두 인간들이 창조한 과학이나 예술의 행적들이 많다. 물론 자연 그대로, 신의 작품을 인간이 침범도 하고 파괴도 하지만 오늘 직접 답사하면서 실지로 체험하고 느낀 이 거대한 새로운 건축은 오히려 섬세했고, 매력적이었고 안정된 편안함이 수직 도시로서의 손색이 없었으며 그렇게 낯설지도 않았다.

과학의 원리에 신기술의 첨가는 모든 것을 신기하게도 했지만 긍정케도 했다.

예술로 덧입혀지니 아주 매력적이고, 멋스러운 모습에 홀려서 입을 다물 수가 없었고 눈을 뗄 수도 없었다.

어쩌면 이 무궁무진하고 끊임없는 도전은 인간들의 지나친 욕심은 아닐까 걱정도 되었다. 욕심이 과하면 화를 부를 수도 있다는데, 제발 노파심의 염려이지 다른 일은 없기를 바랄 뿐이다.

나라를 대표할 랜드마크가 된 것에는 조금의 손색이 없다고 해도 될 것 같았다.

진도 9의 강진은 물론 허리케인이나 태풍에도 견딜 수 있다는 내진 설계도 대단한 감탄을 자아낼 수밖에 없었다. 건축 마디마디는 대나무의 흔들림을 본뜬 것이라고 했다.

강풍에도 대나무는 흔들렸으면 흔들렸지 끝까지 꺾이지 않는 성질이 있다는 원리. 그 공기역학을 적용해서 고층 건물에 가장 적이 될 수 있는 바람을 맞서기보다 속이는 방법이라고 했다.

얼마나 재미있고 인간다운 기지가 넘쳐 나는 발상인지 과연 인간을 만물의 영장이라고 한 것은 수긍이 되고도 남을 일이다.

커튼 월은 투명 갑옷 역할로 17,000개가 그 모양이 똑같아 보여도 층마다 그 크기와 모양이 다르고 역할도 다르다고 했다. 칸막이 구실을 하면서 하중 없이 특수하게 설치

된 외벽에서 123층 타워의 독특한 인상을 심어 주기도 했다.

그 외도 세계 최초로 초고층 건물의 고난도 기술에 선도적 역할은 이 땅에서는 물론 하늘 위에서도 새 역사를 쓰고 있었다. 이 거대한 수직 도시를 움직이는 초고속 동력은 모두 신재생 에너지로 그 양이 성장한 소나무 850만 그루에 해당하는 신소재를 사용하여 또 세계 건축에서 기념비적 기술에 선도적 역할을 했다. 하니 조국의 자랑이요, 긍지가 아닐 수 없었다.

내 마음은 여기서 더 이상 늙은이가 아니고 소녀적 수학여행 갔던 그때로 다시 돌아간 듯했다. 나라 사랑의 순수한 마음은 더욱 가슴을 벅차게 했고 감동은 끝없이 나를 부추겼다. 나이 들었으면 나잇값이나 하라는 것인가.

이 거대하고 매력적인 수직 도시 탄생을 늦게나마 축하하게 된 것이 그나마 다행이었다.

오늘 하늘 여행을 즐겁게 잘 마친 기념으로 입체 촬영까지 했다. 이렇게 행복한 사진 한 장이 앞으로 남은 내 생애에 얼마나 기념이 되고 중요한 자료가 될까.

먼 훗날 내 후손들은 더욱 발전된 세상에서 사진 속 할머니를 추억하면서 그리워하겠지. 옛것과 현실에 대한 또 다른 평가에 중요한 자료가 되지는 않을까.

비 오는 날

공원에 가서 걸을까 하고 나서는데 이슬 같은 빗방울이 아주 조금씩 날리기 시작했다. 평소와 다름없이 이 시간대의 공원은 사람들이 가장 많이 이용하고 있었다.

어린이광장, 축구장, 농구장, 배드민턴장 할 것 없이 공원은 누구에게나 애용되니 어느 때보다도 즐겁고 활기찬 곳이기도 하다. 애완견 산책도 한몫하지만, 삼삼오오 벤치마다 할머니 군단들의 이야기꽃이 그렇게 즐거울 수가 없었다. 이들은 거의 출근하다시피 이 공원 지킴이들이다.

인생을 즐기는 데는 방법과 수단이 따로 있는 것은 아닌 것 같다. 청춘이나 노년이나 주어진 여건에 맞는 것이 최고의 방법이라는 것을 이 할머니들한테서 새삼 배운다.

비는 많이 쏟아지는 것도 아니고 그냥 옷 젖을 만큼 조용히 뿌릴 뿐인데, 그 많은 사람들을 어느 사이에 다 쫓아 버리기라도 한 것처럼 공원을 순식간에 비워 놓았다. 꼭 청소라도 해 놓은 듯 완전히 재정비된 공원은 돌아보니 나 혼자만을 남게 해주었다. 다행히 준비한 우산이 그 이상 요긴할 수가 없었지만.

공원길은 걷기에는 매우 훌륭한 재질로 바닥을 깔아 놓아서 비가와도 질척거리거나 흙이 튀는 일은 없었다. 또 발걸음 소리도 나지 않아 얼마든지 걷고 싶은 길이다. 이 공원의 매력이라면 첫째가 바로 이 공원길을 걷는 것이 아닐까 더구나 오늘같이 텅 빈 공원을 혼자서 걷는다는 것은 참으로 얻기 어려운 기회이기도 하다.

어린 새들마저 비를 피해 짙은 숲속으로 숨어버렸으니 오늘만큼은 이 아름다운 공원은 내가 독차지할 수 있는 특권이나 특혜라도 받은 것 같다.

이럴 수도 있구나. 너무도 기분이 좋았다.

아 얼마 만에 가져 보는 행운 같은 시간인가, 공간인가.

한없는 조용함과 행복감으로 빠져들면서 걷고 있는데 깊은 고독의 경지가 여러 가지 상념들을 떠오르게 했다.

이 진정한 자유와 상쾌한 해방감이며 완전히 혼자만 누릴 수 있는 편안함은, 심령은 물론 저 깊은 곳 뼛속까지도 말로는 표현할 수 없는 충만으로 젖어 들게 했다.

그리고 감사함이 밀물처럼 밀려왔다. 나의 주특기라고도 할 수 있는, 내가 가장 좋아하는 나 혼자만이 즐길 수 있는 고독이요, 시공간이 너무도 소중했다.

어느 누구의 간섭도 없는 새롭다면 새로울 수 있는 세계로 맘껏 펼쳐보기도 하고 눈물겹도록 아름다웠던 추억 속의 그리움으로 이끌리면서 슬픈 사연도 있었지만, 싱싱한 나무들이 내뿜는 가장 건강한 에너지마저도 독차지해서 심호흡의 풍요를 맘껏 누릴 수 있는 이 행운. 이 모든 감사함을 전능자에게 깊이 고백할 수 있는 것이 눈물겹도록 고마웠다.

이제는 작은 가지를 잡고 곤히 잠들었을 어린 새의 꿈꾸는 모습까지도 다 감지되는 고요함과 함께 엷은 어두움이 드리워지기 시작한다.

이슬처럼 조용히 날리던 비는 더 이상도 아니니 그친 것인지, 아니면 안개가 되었는지 또 감사하다. 빗줄기가 거세지거나 바람이 불면 아기 새들의 단잠을 방해할 수도 있을 것인데 잘 참아 줘서 더욱 고마웠다.

(2018. 9)

이 또한 지나가리라

연일 40도를 오르내리는 숨 막히는 더위가 기승을 부린다. 100년 만이라고들 하고 지구 온난화 현상이라고도 한다. 지구도 나이를 먹는데 마냥 한결같을 수만은 없겠지.

그래도 감사한 것은 지금까지 사계절이 뚜렷해서 살기 좋은 곳이 내 조국이었고 이 땅에 태어난 것만도 얼마나 감사한 일인가.

그때는 더워봤자 30도 정도에서 오르내릴 정도였지만 물놀이 등 여름날의 참 멋은 평상에 누워 감상했던 깊고 깊은 밤하늘 별들의 잔치가 또 우리를 얼마나 행복한 꿈을 꾸게 했던가.

다 여름날이 아니면 맛볼 수도 없는 아름다운 추억이다. 봄날은 또 얼마나 아름다웠으며 가을은 또 얼마나 풍요로웠던가. 눈 오는 날의 낭만 역시 다 감사하지 않을 수가 없다.

올해 더위는 6월부터 덥다고 푸념했던 기억이 나는데 7월을 꼬박 하루도 빼놓지 않고 가마솥더위로 쩔쩔 끓였으니 오직 기다린 건 8월인데 8월이 되어도 더위는 어째 숙일 생각을 않는다.

이제 남은 절기는 입추, 말복, 처서로 이어지는데 바야흐로 더위와의 전쟁은 언제 끝날지 기미가 보이지 않으니 기가 막힌다.

8월 10일이면 동해에는 한류(寒流)가 내려와 해수욕을 할 수가 없다고 휴가를 서두르던 때가 있었는데 이 더위에도 한류는 돌아올까.

세월은 흐르기 마련이다. 초복 중복 대서 더위를 차례로 보냈으니 이번 순서는 입추(立秋)라고, 가을 시작이란 뜻인데 그렇지만 말복은 아직도 열흘이나 있어야 한다.

지금은 삼복지간이고 이렇게 더운데 말복 앞에다 입추를 세우다니 차례가 바뀐 건가 아니면 얼마나 더위가 지겨웠으면 애타게 가을을 기다렸단 말인가.

그 무더운 밤이 얼마나 괴로웠으면 성급하게 입추부터 먼저 가져다 놓는 실수를 했단 말인가. 아니면 가을이 와도 더위가 물러가기 싫어 꿈쩍 않는 것일까.

생각해 보니 둘 다 맞는 것 같다.

인간이 기다리는 것은 끝없는 고도라고 하지 않았는가.

그동안 그렇게 아침부터 펄펄 끓이다시피, 저녁이고 밤이고 사정없었던 것도 사실인데. 오늘 아침에 웬 귀한 바람 한 점, 약간이지만 시원함까지 섞어서 불어 주었다. 신기하다 못해 반가웠다.

입추란 절기가 날씨를 알아맞히었는지 날씨가 입추에 맞춰 어제까지도 아침이 어디 있었으며, 저녁은 열대야로 오죽하면 극형 중 극형인 살인적이라고 했을까.

달력에 기록된 입추를 보았는지, 아니면 시원한 바람기 그 한 점 때문에 입추를 정했는지 참으로 그 점이 신통방통했다.

한 번씩 불어오는 바람에 실오라기 같은 시원한 바람이 분명 섞여 있었다. 그 바람이 바로 반가운 가을바람의 서곡! 입추였구나.

기상청 발표에는 더위는 당분간 계속된다고 하는데 기상청도 달력은 있을 텐데….

더위가 달력의 입추를 알고는 있지만, 아직 열흘 뒤에 말복이 도사리고 있으니 이 더위를 이러지도 저러지도 못하고 입추라고 싹둑 자를 수도 없고 말복까지는 그냥 끌고 갈 수 밖에 없다. 그러나 실오라기 같은 시원한 바람 한 점을 간간이 섞어 준 것만도 대단한 선심이 아닐까.

생명수만큼 귀한 생명 풍! 이제 조금만 참아보자 말복마저 지나간다면 정말 시원할 것이다.

'열흘이다. 열흘! 아 아니다. 또 있다. 처서(處暑)가 있었구나.' 더위를 치운다는 처서. 끈덕진 더위지만 그 더위가 있어야 처서는 치우고 자시고 할 것이고 그 마지막 임무를 완수할 게 아닌가.

아무리 성급해도 남의 일거리를 빼앗는 것은 도리에는 물론 노동법에도 위법이 아닐까. 끝날 때까지 참는 김에 조금만 더 참자. 참아 주자.

자연의 현상과 인간의 지혜가 한데 모여 이 기막힌 절후의 모순도 재미있게 만들고, 해결도 하고, 살인적인 그 살인죄도 용서해 줄 수밖에. 실은 금년에 몇 명의 희생자에게는 미안하지만, 원수를 사랑하란 말씀도 있으니. 그러기에 인간을 만물의 영장이라고도 하지 않는가.

이제 곧 말복이 될 것이고 이어 처서가 뒤따르는데 처서가 더위를 깨끗이 치우면 여름과는 온전한 결별이다. 가을바람이 그토록 쓸쓸하고 외로웠던 것도 다 처서 때문이었구나.

처서에게 부탁하노니 청소는 빨리한다고 잘하는 게 아니라고 하니 제발 천천히 하길 바랄 뿐이다. 이내 청춘은 벌써 지났지만, 인생 전부도 얼마 남지 않은 것은 빠른 세월만을 탓하기에는 너무 멀리 온 것 같다.

시계를 없앤다고 세월이 멈추겠나.

달력을 치운다고 더위가 가시겠나.

모든 것은 그렇게 다 지나갈 뿐이다.

(2018. 8)

우울한 봄날

남쪽으로부터 꽃소식이 한창이고 우리집에도 따뜻한 볕이 자랑자랑 베란다 식구들에게 기지개를 펴게 한다.

금년 봄은 일찍부터 불청객 코로나19가 점점 걷잡을 수 없이 창궐하는 바람에 이제는 펜데믹 현상까지 되었다. 모든 행사는 취소되고, 무한정 뒤로 미루어지고 한 번도 겪어보지 못한 세상이란 바로 이런 것인가. 우울하고 두렵다.

하루 종일 집에만 갇혀서 답답할 수밖에 없는데 종일 핸드폰만 들여다봐야 하는 방콕인지 집콕 신세가 따로 없었다.

이참에 집안 정리나 할까. 하고 무작정 서툰 솜씨로 시작하다가 잠깐 잘못해서 삐끗한 것이 팔을 급히 잘못 짚어서 다치게 되었다. 참으로 순간적으로 일어난 부주의가 골절까지 되고 말았다.

사고는 예고 없다는 말이 절감되는 순간이었다. 뼈가 부러졌으니 아픈 것은 말할 수도 없었지만 나는 아픈 것은 다음 문제이고 당장 이제 부끄러워서 어떻게 밖에 나갈까가 제일 걱정이 되었다.

눈물이 난 것은 아파서가 아니고 내가 벌써 늙었구나. 생각하니 슬프기도 했지만 아니 꼭 이렇게 늙은이 티를 내야 하는 것이 너무도 서럽고 속이 상하고 억울했다.

이 꼴을 하고 밖에 안 나갈 수도 없고 몰골이 얼마나 보는 이로 하여금 측은지심을 유발할 것을 생각하니 스스로 부주의해서 천치바보가 된 것이 미워 견딜 수 없이 자신이 원망스러웠다.

나는 평소에도 조심성이 많이 부족하다는 것을 모르는 바는 아니다. 언제까지나 젊을 줄 알고 건강 하나만 믿고 잘 뛰어다니는 푼수 같은 행동을 잘했는데… 일격에 부러뜨려 준 것이 아닌가 싶기도 하다. 참으로 자만은 금물이다.

평소 친구들과 같이 다닐 때도 건널목에 파란불이 2초 3초만 남아도 으레 뛰기 시작하는 나의 철없는 객기는 다반사로 여겼다.

내 친구들은 뛰지도 않았고 다음 차례를 느긋이 기다렸다. 어쩌면 숙녀로서의 면모는 갖추었는지는 몰라도 스피드 시대에 내 성격하고는 맞지 않아서 그럴 때마다 나는 너무 노인처럼 굴지 말자고 더러 핀잔을 주기도 했다.

이런 생각 없는 내게 벌을 내린 것이 오히려 당연할지도 모른다. 벌을 받을 만한 내 행동을 나도 모르는 바는 아니다. 앞으로 조심하라는 계시 같기도 하고 해서 고맙게 받아들이기로 해야지, 저절로 반성이 안 되는 것은 아니다.

지금부터는 무슨 일에나 서둘지 말고 조심하면서 침착하라는 경고가 틀림없었다. 그래도 다리를 다치지 않은 것만으로도 감사할 일이다. 팔을 깁스하고 상이군인이 되고 보니 왼쪽의 진가를 그나마 알 수 있었다.

조물주이신 하나님께서는 우리 신체 하나하나를 어쩌면 이토록 적재적소에 합당한 임무를 두어 각자의 소중한 능력을 부여했는지 그 위대함을 새삼 깨닫게 했다.

평소 왼쪽은 그저 오른쪽을 보좌하는 정도였으며 보석반지나 끼고 영양 크림을 바를 때도 으레 손을 먼저 내밀면서 호강을 자처했고 힘든 일에도 오른쪽이 앞장서야만 겨우 따라나서는 멋이나 부리는 나름 얌체과에 속하는 정도로만 알았는데, 이게 웬일인가. 왼쪽을 다쳤는데, 깁스만 했을 뿐인데 오른쪽 네가 왜 그렇지, 그렇게도 용감하고 힘도 있었는데 너 혼자서 할 수 있는 것이 도대체 무엇이냐?

세수를 시원하게 할 수가 있나, 목욕을 마음껏 할 수가 있나. 심지어 솥뚜껑 하나도 왼쪽이 거들어 주지 않으니 그 잘난 오른쪽이 당장 바보가 되었으니.

세상에는 얼마나 많은 보조자들이 왼쪽처럼 말없이 자신의 존재를 드러내는 일도 없이 묵묵히 임무만을 수행하고 있었다는 사실을, 나는 지금 뼈아프게 아니 뼈가 부러지고서야 알 수 있었다.

하나님이 처음부터 오른쪽만 주셨다면 그런대로 순응은 되었을까. 그토록 자신감이 넘치고 당당하게도 높이 쳐들고 외치던 오른쪽이 왼쪽 없이는 능력도 없고 쓸모도 없단 말인가.

병뚜껑을 딸 수가 있나, 혼자서 그릇 하나를 씻을 수가 있나, 맛있는 과일을 깎을 수가 있나.

모두 위로한다고 그래도 오른쪽이 아니고 왼쪽을 다친 것이 천만다행이라고 위로했지만, 왼쪽도 오른쪽도 한쪽만은 다행히 될 수도 없고 더구나 천만다행이 어디 가당키나 한가.

오른쪽 왼쪽이 다 건강할 때가 천만다행이지. 오른쪽 왼쪽이 다 건재할 때가 행복이라는 걸 얼마나 알고 있을까.

우리에게 천만다행이 어디 이것뿐인가. 언제나 마음껏 앞을 볼 수 있는 것, 말할 수 있는 것, 공기를 마시는 것, 맛있는 것을 먹는 것, 화장실 가는 것 등등 수많은 천만 만만 다행들을 알기나 하고 살고 있는지. 참으로 감사하고도 감사할 일이 아닌가.

상처한 내 친구가 '아내는 평생 좋은 친구'였는데 지키지 못했다고 통탄했을 때 '있을 때 잘하지' 했던 내 조언은 위로도 아니고 친구를 더 아프게만 했던 것이 이토록 후회가 될 줄이야. 그는 소중한 왼쪽을 놓친 오른쪽이 되었는데.

이제 앞으로 6주 내지 8주가 될지도 모른다는 날을 참고 참회하는 심정으로 고행을 닦아야 한다.

아 그래도 감사할 수 있는 것은, 더 큰 사고도 있을 수 있는데 정말 이만하기가 얼마나 다행이냐.

이 나이에 뛰어다니면서 조심할 줄 몰랐던 철따구니에게 주신 가르침을 감사하게 받아들일 기회를 주심에 깊이깊이 감사합니다. 이제, 그만 우울해하고 곧 진정될 코로나는 물론 더 따뜻한 볕이 드는 날. 창을 크게 활짝 열고 이 봄을 가슴 가득히 반갑게 맞으리라.

주제를 잘 형성화 시키는 데 성공한 작품

- 수필집 『저 들녘의 꽃들은 어디로 가나』를 중심으로

오경자

(국제PEN한국본부 부이사장)

1.

사람이 살아가며 겪는 일들 속에서 혼자만 마음속에 담고 있기에는 너무 힘들거나, 너무 기뻐서 벅차오르는 감정을 주체할 수 없을 때 글로써 낼 수 있다는 것은 분명 축복이다. 없는 일을 상상으로 엮어내는 소설이나, 감정에 충실하게 응축해서 노래하는 시보다 겪은 일을 중심으로 그 진수를 전하는 수필은 참 소중한 문학 장르라는 생각이 든다.

수필가 장영교는『질마재에 부는 바람』『그 나무 아래 잠들어다오』에 이어 이번에 3번째 수필집을 상제 한다. 그는 자연을 노래하되 아름답고 좋다는 평범한 감상에서 머물지 않고 그 속에 인생을 담고 그 특유의 풍부한 관조로 독자를 감동시킨다.

계절이나 자연의 변화 등을 다루면서 그 자체의 표면적인 것을 서정적인 글로 나열하기 쉬운데 그는 거기 머물지 않고 예리한 주제를 담아내는데, 성공하는 작품을 빚어내는 작가이다.

강물의 계절에서 그는 갈대를 노신사로 의인화시키고 쑥부쟁이와 강물이 작별을 고하는 장면을 애잔하게 묘사하고 있다.

건너편 강둑에는 이별이 아쉬워 쓸쓸히 손 흔들어 주는 백발의 노신사! 희 머리카락 날리는 갈대가 다시는 돌아올 수도 더 이상 만날 수도 없는 회자정리의 허무함을 운명으로 받아들이는지, 눈길 한 번 건네주지 않고 떠나는 매정함에도 그저 하염없이 한 곳에만 눈을 떼지 못하는 모습이 무척이나 애잔하게 가슴을 아리게 한다. - 중략 -

바쁜 걸음에도 보랏빛 쑥부쟁이한테는 못다 한 정이라도 남았는지 반짝반짝 떠들다가도 잠시 눈물 머금은 듯 조용히 그 걸음 멈출 듯 멈출 듯 주춤거리다가 그냥 돌아보고 또 돌아보는 것으로 대신하고는 이내 그만 별일 아닌 것처럼 바삐 행렬 속으로 묻히고 만다.

미안함은 있어도 별 거리낌이나 심각하게 사과할 일은 없다는 뜻인가 서산으로 사라질 짧은 가을해가 덩달아 바쁘기만 하다.

-「강물의 계절」 본문 중에서

그런가 하면 가을이 무르녹는 거리에서는 계절의 변화에서 인생을 발견하고 자연의 무한한 순환을 보면서 인생의 유한성과 한시성을 아쉬워한다. 그 속에 주제가 오롯이 살아남아 독자의 심금을 울린다.

그의 글감은 자연에 머무는 것이 아니라 친지, 친구들과의 관계 속에서 인생의 축도를 발견하는 탐색을 잘 그려내고 있다.

9일간의 축제에서는 명문 대종가의 종부인 친구가 선대의 9일장을 치러내는 모습을 보면서 그 장엄함과 친구의 수고로움이 가슴 저미게 안타까우면서도 그 막중한 임무를 수행해 내는 과정을 보며 존경과 부러움 등의 묘한 심사를 직접적인 표현 없이 분위기로 담아낸 솜씨는 대단하다. 난해하게 읽어지는 단점이 있으나 그 전체 진행 과정의 분위기를 장중하게 묘사함으로써 독자를 침묵하게 한다.

가족은 누구에게나 있고 수필의 글감으로 가족이 제일 많다고 해도 과언이 아니다. 장영교에게 있어서 가족은 사랑의 대상이다. 딸 사랑이 대단했고 특히 자신을 가장 사랑했던 아버지에 대한 추억과 상념은 슬픈 이야기가 아닌데 어떤 서러운 사연보다도 더 눈물 글썽이게 하는 연유는 무엇일까? 그 답은 진솔함이다. 수선스러움이라고는 찾아볼 수 없는 차분하고 솔직한 표현이 감동으로 다가오기 때문이다. 능청스러울 정도로 담담하다.

3대 딸 바보, 아버지의 사진 한 장, 첫 기억들, 여인의 나들이 등의 작품을 통해서는 부모님에 대한 애틋한 정을 마음껏 담아내고 있다. 주제를 분명히 살리면서도 구성은 아주 다른 다양성을 보이고 있는 점이 주목할 만하다. 첫 기억들은 아버지의 자신에 대한 사랑을 주 글감으로 한 글인데 그 제목을 첫 기억들이라고 함으로써 신선한 느낌을 주는데 성공했다. 제목이 호기심을 유발해야 하고 흡인력을 가져야 한다는 점에서 볼 때 아주 탁월한 제목의 설정이라 할 수 있겠다.

> 내 가족의 사진이 언제나 전부였고 말로만 부모님 우리 부모님 했지 모든 것은 그저 입에 발린 허구였음이 분명했다. 이러고도 아버지가 보고 싶네, 어머니가 그립네….
>
> 얼마나 뜬구름 같은 공염불이었나, 사랑한다는 말이 진실이었을까? 효녀는 고사하고 딸 자격이 있기는 한 것인지도 모를 일이다. –「아버지의 사진 한 장」 본문 중에서

오늘 새 단장으로 꾸민 집에 할머님과 부모님을 차례로 모

시고 나니 얼마나 기쁘고 감사한지 그토록 죄스럽고 괴로웠던 마음이 조금은 풀리기도 하고 스스로도 홀가분해졌다.

-「저 들녘의 꽃들은 어디로 가나」 본문 중에서

여인의 나들이는 어머니가 손수 자신의 수의를 장만하는 내용인데 그 일의 역사성과 그 시대의 풍습을 소상히 알게 해주는 정보의 보고이기도 하다. 어머니를 회상하며 모정을 그리고 어머니에 대한 사랑과 존경을 아낌없이 표현한 작품이다. 보통 어머니에 대한 수필들이 그리움과 추억에 그쳐 일상들을 회상하는데 머물기 쉬운데 작가는 직접적인 어머니와의 일상적 일들을 글감으로 하지 않고 독특한 글감을 통해 어머니에 대한 애정이라는 주제를 잘 형상화 시키는데 성공했다.

엄마는 아버지를 만나는데 무엇이 아까울 게 있었겠는가? 원도 한도 없는 최고의 사치가 무슨 대수였겠나? 얼마나 예쁘게도 보이고 싶었을까? 아버지가 못 알아보실까 봐 그 흔한 남들이 다하는 파마 한번 안 하시고 비녀 머리를 끝까지 고집하고 기다리신 것 아닌가?

여인의 욕망은 하늘을 찌르고도 남았다. 당신 나름 최고요. 최대의 멋을 부리고 싶었던 그 마음을 그 욕심을 이제는 이해하고 말고가 있겠는가. 엄마는 과연 얼마나 행복했을까? 아니 얼마나 애절하고 사무쳤으면 그토록 성심성의를 다한 준비를 하셨을까? –「여인의 나들이」 본문 중에서

남편과 자녀, 손주들의 이야기도 남다른 접근으로 진부함을 덜면서 가족애를 주제로 형상화 시키고 있는 표현은 탁월하다. 공항의 이별이 싫어서 집에서 배웅하고 싶어 하는 대목에서는 반전을 이루어내면서 지극한 모정을 물씬 풍기는 효과를 극대화시키고 있다.

친구, 친지에 대한 글감도 사건의 나열이 아니라 함축적이고 인상적으로 주제를 잘 형상화 시키고 있다.

인생은 그저 추억이란 말인가, 미래가 아닌 과거란 말인가, 지난날로 돌아가서 몸부림치며 서로를 그리워할 수밖에 없는가, 아 인생은 결국 추억일 수밖에 없다니.

–「인생의 결코 추억이었더라」 본문 중에서

와인 한잔을 놓고 가족애를 넘어 인류애까지를 느끼게 할 만큼의 거대 담론을 담고 이어지는 글, 「아름다운 12월」은 색다른 구성의 예가 될 것이다. 「와인 시음장」은 자칫 신변

잡사로 끝날 수 있는 글감인데 그 속에 뚜렷한 주제 의식을 녹여 넣고 있다. 이렇게 심상하게 보통 일상을 보통이 아닌, 주제가 확실한 글로 빚어내는 것이 장영교의 수필 세계라 할 수 있다.

장영교의 수필은 주제는 확실하고 표현은 담담하고 조용하게, 구성은 특색 있게 무 구성인데 그 자체가 구성이 되게 하는 특징을 갖고 있다 하겠다.

평범한 삶 속에서 진주를 캐내듯이 읽어갈 수 있는 장영교의 수필은 팍팍한 우리네 일상을 풍요롭게 적셔 줄 것이기에 일독을 권한다.

제2 수필집『그 나무 아래 잠들어다오』를 읽고

축하합니다.

인생의 계절도 짙어질 대로 짙어진 증세로, 귀로 들어도 금방 무슨 소리인지, 딴소리하게 되고. 눈으로 보고도 돌아서면 잊어버리는 나이 80에.

아무리 잘난 사람도 세월 앞에 못 당한다는데, 영교는 아직도 보이는 것도 아름다운 글이 되나 봐. 일상에서 스쳐 가는 숱한 인연도 고운 만남으로 글이 되고, 슬프고 아픈 괴로움도 절실한 그리움의 향기로 피어나『그 나무 아래 잠들어다오』2집을 또 선물하네.

당신의 아름다운 삶의 이야기에 빠져 행복합니다.

한 세상 살면서 수없이 경험하는 삶의 기쁨, 잊혀 가는 추억들로 읽을 때마다 마음이 겸손하고 따스해집니다.

같은 세월 살았건만 아는 상식은 왜 그리 많은지?

읽어가는 장마다 감명에, 감탄으로. 나도 조금은 지혜로워지는 듯 좋은 친구의 수준 높은 글 덕분입니다.

당신이 있어 고맙습니다.

순정이 깃든 따뜻한 사랑도, 깊은 애정이 담긴 우정도, 인생에서 지고지순한 이야기가, 고운 꽃이 되고 열매로 익어 세상사가 다 보석인 양.

머릿속에 차곡차곡 쌓고, 마음속에도 가득 담아 놓았다가 금 나와라 뚝딱, 은 나와라 뚝딱 하면 쉼 없이 나오는 듯.

1집의 감동도 가시기 전에 2집을 대하니 친구의 노력보다 나는 이런 무식한 생각이 드네… 참으로 대단합니다.

많은 시간을 같이한 고향 친구.

편하게 느껴지는 따스한 마음으로 내 남편 이야기도, 내 친정 이야기도 품격 있고 화려하게 승화시켜주고.

또 주변에 책을 전해줄 때마다 작가인 친구를 가진 것이 왜 그리도 내가 덩달아서 자랑스러운지. 훌륭한 친구를 가졌다고 칭찬도 해주고 부러워도 한단다. 얼마나 기분이 좋은데….

당신이 자랑스럽습니다.

당신은 능력을 사명으로 완수하여, 가장 빛나는 생명의 꽃을, 향기롭게 피웠습니다. 참으로 장합니다. 부럽습니다.

글을 쓰고 그림을 그리는 사람은, 치매는 절대 안 걸린답니다.

당신의 인생 이력서에는 화가이고 작가라는 화려한 기록이 무서운 병도 염라대왕도 얼씬 못 할 겁니다.

저세상에서 데리러 오거든 아직도 3집도, 4집도, 5집도 더 내야 한다고 전하고 정신과 몸 건강해서 더 성숙한 3집을 기대합니다.

2집을 진심으로 축하합니다.

사랑합니다.

– 친구 변구순

장 영 교

- 월간 『수필문학』 으로 등단(2013)
- 한국문인협회 회원
- 국제PEN한국본부 회원
- 한국수필문학가협회 이사
- 여울회 회원

저서(수필집)

『질마재에 부는 바람』 (2014)

『그 나무 아래 잠들어 다오』(2017)

『저 들녘의 꽃들은 어디로 가나』(2020)

수필문학사 수필선집 / 461

장영교 수필집

저 들녘의 꽃들은 어디로 가나

2020년 6월 25일 초판 인쇄
2020년 6월 30일 초판 발행

지은이 / 장영교
발행인 / 강병욱

발행처 / 도서출판 教音社
편집 / 隨筆文學社 편집부

03147 서울 종로구 삼일대로 457 수운회관 1308호
Tel (02) 737-7081, 739-7879(Fax)
e-mail : gyoeum@daum.net
등록 / 제300-2007-52호

* 잘못된 책은 바꿔 드립니다. 값 15,000원

ISBN 978-89-7814-779-8 03810

이 도서의 국립중앙도서관 출판예정도서목록(CIP)은 서지정보유통지원시스템
홈페이지(http://seoji.nl.go.kr)와 국가자료종합목록시스템(http://www.nl.go.kr/kolisnet)에서
이용하실 수 있습니다. (CIP제어번호 : CIP2020026933